くりかえし料理

飛田和緒

はじめに

仕事で紹介してきたレシピは、実際にわが家で作り、食卓で食べてきたものです。そんな中で、ある時、カメラマンの方の言葉が心に引っかかりました。「飛田さんのうちのハンバーグは水を入れないで焼くんですね」とか、「焼き餃子の蒸し焼きの水が少ないんですね」とか。たくさんの料理を写真に撮ってきた方ですから、きっとハンバーグも餃子も数えきれないほどの形や味を見て、味わってきたはず。

「同じように見えて、微妙に違う。それぞれの家庭の中にレシピがある」

そう気づかされてから、そのことが頭からずっと離れず、今回の本のテーマになりました。幼い頃から親しんできた味から、海辺で暮らす今の食卓まで。失敗や工夫を重ねて、家族のためにくりかえし作ってきた家庭料理の定番を、見直したいと思います。

飛田和緒

陶芸が趣味の母が作ってくれた
塩壺。お気に入りの塩を入れて、
コンロのそばに置いています

6 家族からのリクエスト

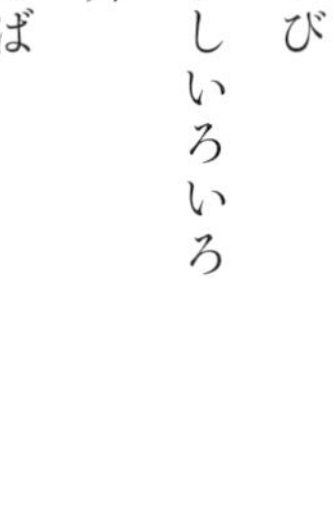

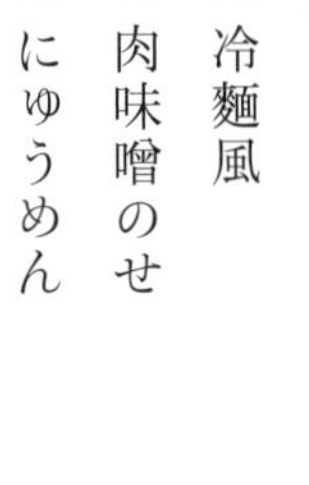

76 季節のイベント

87 野菜・海藻のおかず

103 人気のスープと汁物

この本のレシピについて

・レシピ中の「だし」について
基本的に、「水出しのかつお昆布だし」を使っています。「あごだし」や「煮干しだし」を使うこともあります。
「かつお昆布だし」は、かつおだけで作れば「かつおだし」に、昆布だけで作れば「昆布だし」になります。いずれも冷蔵庫で2日ほど保存可能です。
水出しした後の材料は、煮出して再度使うことも可能です。その場合は、新たに水1.5ℓを足して中火にかけ、沸いたら、弱中火で10分ほど煮出します。
[かつお昆布だしのとり方]
昆布30gと削り節30gを保存容器に入れ、水2ℓを注ぐ。冷蔵庫でひと晩（6時間以上）おき、こして使う。
[あご・煮干しだしのとり方]
あご3～4本、または煮干し15～20尾を保存容器に入れ、水2ℓを注ぐ。冷蔵庫でひと晩（6時間以上）おき、こして使う。
・レシピの中に出てくる「油」は、太白ごま油か、米油を使用しています。
・レシピ中の大さじ1は15mℓ、小さじ1は5mℓ、1カップは200mℓです。

家族からのリクエスト

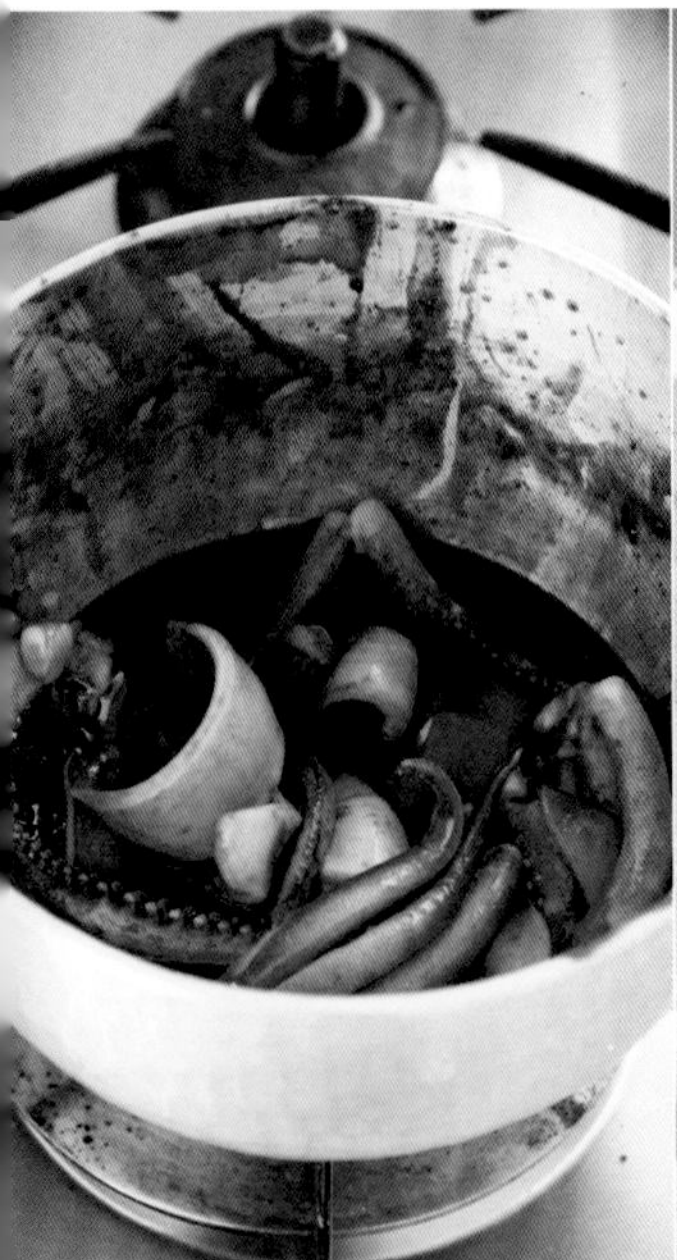

家族全員、白飯好き。ごはんがモリモリと食べられるおかずにリクエストが多いです。昭和生まれの私が育ってきた食卓は、昔ながらのおかずに加えて洋食や中華のおかずが庶民の味になっていた時代。母はカレーやロールキャベツ、グラタン、麻婆豆腐などを、子供たちのために作りつつ、祖母にはおからや煮魚の支度をしていましたから、テーブルには、和洋折衷のおかずが並んでいました。ですから、カレーライスにお味噌汁といった献立もあったりして、大人になってから、うちの献立はちょっとおもしろかったな、と思い出します。

今また、わが家の食卓では、カレーとお味噌汁が登場します。幼い頃の忘れられない味は、大人になって戻るものなんですね。さらに、現在の住まいである海辺の街で教わった魚の料理も、家族のリクエストに新たに加わりました。地元ならではの味もまた、体にしみついていくのでしょうね。

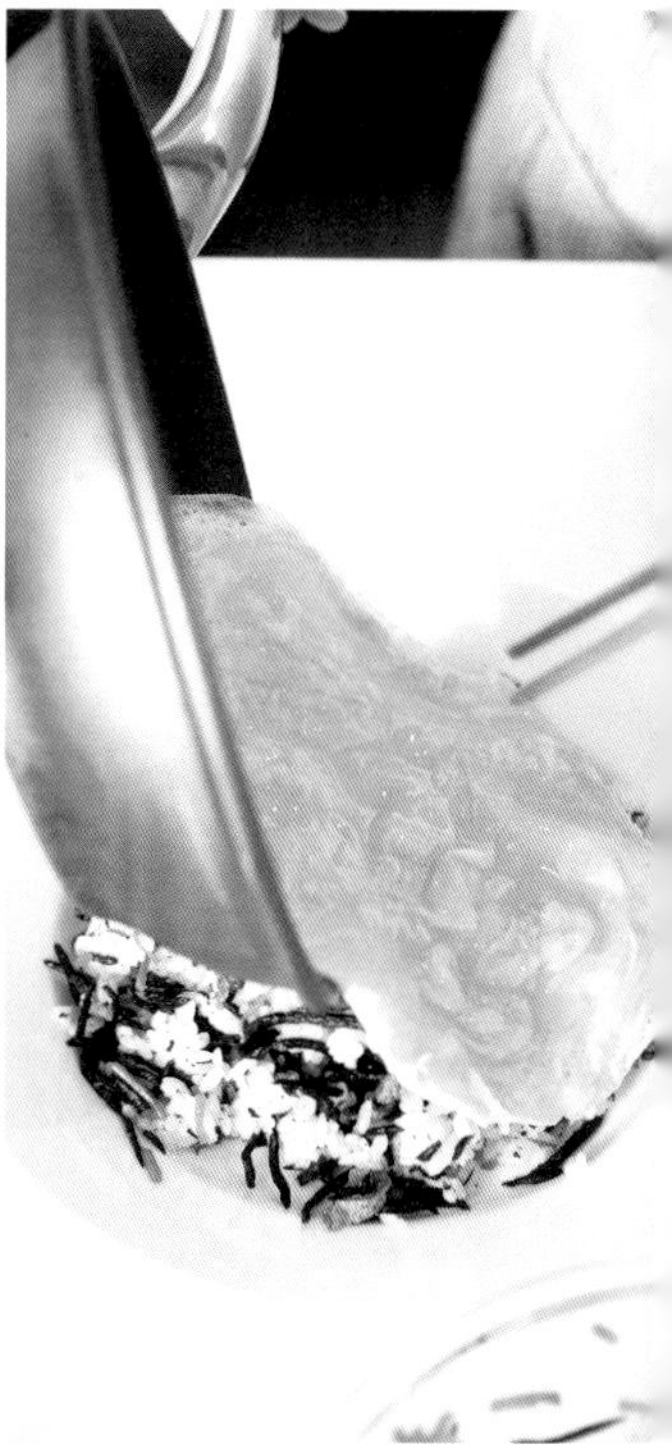

ちらしずし

◉5〜6人分
にんじん……½本
絹さや……2〜3枚
ちりめんじゃこ……⅓〜½カップ
白ごま……大さじ2
好みでいくら……適宜

[乾物の甘辛煮]
干ししいたけ……4枚
かんぴょう……10g
ざらめ……大さじ3
しょうゆ……大さじ3

[酢れんこん]
れんこん……100g
酢……適量
砂糖……大さじ3〜4

[錦糸玉子]
卵……4個
砂糖……大さじ1
油……少々

[すし飯]
米……3合
すし酢(＊)……¼〜⅓カップ

＊すし酢の作り方(作りやすい分量)
酢・砂糖各½カップ、塩小さじ½を混ぜ合わせる。

1 干ししいたけは、ひと晩、水につけて戻す。しいたけは軸を切り落として薄切りにし、かんぴょうは水洗いしてから塩少々(分量外)でもみ、ゆでてから2cm幅に切る。

2 鍋に1、ざらめ、しょうゆ、ひたひたのしいたけの戻し汁を入れ、中火で煮る。煮立ったら落とし蓋をし、弱中火で15分ほど、煮汁がほぼなくなるまで煮たら、火を止めて冷ます。

3 れんこんは皮をむき、2mm厚さのいちょう切りにして、5分ほど水にさらし、水けをきる。鍋にれんこん、ひたひたの酢、砂糖を入れ、弱中火で煮汁がなくなるまで10分ほど炒る。

4 にんじんは3cm長さの細切りにする。絹さやは筋を取る。それぞれ塩ゆでし、絹さやは斜めせん切りにする。

5 錦糸玉子を作る。卵と砂糖をよく混ぜ合わせ、フライパンに油を薄く引いて薄焼き玉子を数枚焼き、冷めたらせん切りにする。

6 米を炊き、熱いうちにすし酢をまわしかけ、切るように混ぜる。うちわであおいで粗熱を取る。

7 6に、2、3、4のにんじん、じゃこ、白ごまを混ぜる。5と4の絹さやをあしらい、いただく時に、好みでいくらをのせる。

子供の頃から母が作る五目ちらしが大好物でした。すし桶いっぱいに作ってくれ、必ず翌日もおかわりができた。それでもまたすぐに作ってとねだっていたのを覚えています。

　欠かせない具材は、甘辛いしいたけや、かんぴょうの煮たもの、甘酸っぱいれんこん、うま味のじゃこ、彩りのゆで野菜。あとは、香りのある三つ葉や青じそを入れたり、じゃこの代わりに干物をほぐしたものを入れたりして、その時、手に入るもので構成していきます。お客さまが来る時やお祝いの席には、いくらやゆでえびをのせて、ちょっと豪華に。

　具材はそれぞれ作りおきができるので、何日か前から、少しずつ支度をしておき、当日はごはんを炊いて混ぜるだけ。意外に気軽なレシピなのです。こう思えるまで何年もかかったけれど、その分、思いも詰まったレシピになりました。

休日、夫は朝から天ぷらとそばが食べたいと言います。天ぷらなら、何でもよく、とくに好きなのはかき揚げ。しかも玉ねぎとにんじんといった常備野菜でできるものだから、私としては、ほかのものを作るよりも気が楽。日頃から揚げ物は一番簡単な調理方法と思っているので、天ぷらでいいのと聞き返してしまうくらいです。

　揚げたら、どんどん、バットのまま食卓へ。夫と娘が揚げたてをサクサクと食べている間にまた次を揚げる。天ぷら屋さん状態です。でもやっぱり揚げたてがおいしいから、自分の分は後回し。ふたりの箸がやや止まってきたら、私の天ぷらを揚げて、椅子に座る。そうすると今度は娘が席を立ってそばをゆでてくれます。夫がおつゆの用意をし、そばをすすってご馳走さま。

　後片づけをしながら、余力があれば天かすを作ります。せっかく揚げ油を用意したなら、とことん使う主義。そのまま油を処分してしまえば楽ですし、何よりおまけでできた天かすがあとあと献立作りに大いに役に立ってくれるのです。最近、天ぷらの衣は小麦粉と水だけ。でも天ぷら粉を使う時もありますし、衣にボリュームが欲しいときは卵を入れたりして、衣もその時々で変えていきます。

天ぷら・かき揚げ

◉2〜3人分

ピーマン……小3個
れんこん……80g
玉ねぎ……¼個
にんじん……¼本
揚げ油……適量
好みで塩……適量
[衣]
　小麦粉……½カップ
　冷水……½カップ弱

1 ピーマンは2カ所に穴をあけておく。れんこんは5㎜厚さの半月切り、玉ねぎは薄切り、にんじんは4㎝長さの細切りにする。

2 小麦粉に冷水を加え、さっくり混ぜて衣を作り、ピーマン、れんこんをくぐらせて、170℃に熱した揚げ油で揚げる。

3 玉ねぎとにんじんをボウルに入れ、小麦粉大さじ1(分量外)をふって軽く混ぜる。⅓量ずつ小さめのボウルに入れ、**2**の衣大さじ1〜2で和え、170℃の油にそっと流すように入れて揚げる。同様に残りも揚げる。好みで塩を添える。

ざるそば

◉2〜3人分

そば……適量
好みで長ねぎ(小口切り)、
おろしわさび……各適量
[そばつゆ(作りやすい分量)]
　みりん……½カップ
　しょうゆ……½カップ
　砂糖……大さじ1
　かつおだし……適量

1 みりんを鍋に入れて煮切り、しょうゆ、砂糖を合わせてひと晩ねかせる。

2 そばは、袋の表示時間通りにゆで、冷水にとって何度も水をかえながら(または流水で)ぬめりが取れるまでよく洗い、ざるに盛りつける。

3 **1**をかつおだしで好みの濃度に割り、そばをつけていただく。好みで長ねぎ、わさびを添える。

さばの味噌煮は何度作っても、満足できるものができたのは数えるほど。永遠のテーマのような気がします。さばの脂ののり具合でも味わいが違ってくるからでしょうか。こっくりと煮上げて、炊きたての白いごはんと合わせれば、家族が喜ぶ献立に。煮汁もごはんにかけて、何杯もおかわりします。Ⓗ

さばの味噌煮

◉2人分
さば(切り身)……2切れ
しょうが(薄切り)……½片分　長ねぎ……5cm長さ4本
[煮汁]
味噌……大さじ1〜1½　酒、砂糖……各大さじ1
しょうゆ……小さじ1　水……½カップ

1 さばは熱湯をかけてから、きれいに水洗いし、汚れやあくを取る。

2 鍋、または深めのフライパンに煮汁の材料を入れて煮立たせ、1としょうがを加える。空いた所に長ねぎを入れ、紙蓋をして、弱中火で5〜6分煮る。

3 紙蓋を取り、中火にして煮汁をスプーンでかけながら、煮汁にとろみがつくまで2〜3分煮て、器に盛りつける。

知り合いの漁師さんから魚をいただくことが多いのですが、時間がない時は、よく蒸し物にします。下処理した魚を、蒸し器に放り込むだけ。その間に、薬味やたれを合わせておけば完成。それでも見た目が豪華だから、家族は「今日はご馳走だね」なんて言ってくれる。便利な調理法だなと、くすりとしています。

蒸し魚

◉2〜3人分
鯛(体長22〜23cm)……1尾　しょうが……大1片
長ねぎ……1本　酒……大さじ1
ごま油(またはピーナッツ油)……大さじ1½　香菜……適量
[たれ]
しょうゆ、ナンプラー……各小さじ2
砂糖……小さじ1〜2　水……小さじ2

1 鯛はうろこ、内臓、えらを取り、表側に切り目を入れる。
2 しょうがは4〜5枚を薄切りにし、残りはせん切りにする。
3 長ねぎの白い部分は斜め薄切りにし、しょうがのせん切りとともに水にさらす。
4 耐熱皿にねぎの青い部分をのせ、鯛をのせる。鯛の腹腔内に塩少々(分量外)をふり、腹腔内、切り目、えらに、2のしょうがの薄切りを挟む。酒をふり、蒸し器に入れて、強火で6〜7分蒸す。その間、たれの材料を合わせる。
5 蒸し上がったら、ねぎの青い部分を除き、水けをきった3をのせ、ごま油を小鍋に入れて煙が立つほど熱してかける。たれをかけ、ざく切りにした香菜をのせる。

照り焼きは、下味をつけてから焼くのと、焼いてからたれを絡める方法がありますが、私は後者。下味をつけて焼くと、焦げてしまうことが多く、魚焼きグリルがない、という事情もあり、フライパンで失敗なしのこのレシピになりました。魚はめかじき、さわら、鮭、目鯛などで。みりんとしょうゆだけの味つけもあれば、にんにくやしょうがのすりおろしやカレー粉を加えたり。付け合わせは甘酢しょうが、大根おろし、柑橘類などを。玉ねぎやししとうを魚と焼くこともあります。Ⓗ

魚の照り焼き

◉2人分
めかじき(切り身)……2切れ
小麦粉……大さじ1程度
酒、みりん……各大さじ2
しょうゆ……小さじ2〜3
油……少々　甘酢しょうが……適量

1 めかじきは両面に塩少々(分量外)をふって10分ほどおき、表面の水けをよくふき取る。表面に小麦粉をまぶす。

2 フライパンに油を熱し、**1**を中火で焼く。3分焼いたら、裏返して弱めの中火で2分焼き、取り出す。

3 フライパンが熱いうちにペーパータオルで油をふき取り、酒、みりんを入れて中火にかける。煮立ったら、しょうゆを加え、とろみがついたところで弱中火にし、**2**を戻し入れてよく絡める。器に盛りつけ、甘酢しょうがを添える。

小ぶりのいわしが手に入ると必ず作っていた祖母のレシピ。手作りの梅干しは酸っぱくて塩けもしっかりとあるから、そのまま食べるより煮物の味つけによく使われていた記憶があります。梅干しを入れることでさっぱりと煮上がり、素材の臭み消しになったり、逆に素材に梅干しの風味がついたり。手作りの梅干しがあればこそのレシピ。わが家も毎年、梅干し作りに精を出すのは、そんな理由があるからなのです。Ⓗ

いわしの梅しょうが煮

◉3～4人分
真いわし……10本　しょうが(せん切り)……2片分
梅干し……2個
[煮汁]
昆布……4㎝角1枚　酢……大さじ4　砂糖……大さじ3
しょうゆ……大さじ2½　水……½カップ

1 いわしは表面を包丁で軽くこすり、うろこを取る。頭と内臓を取り除き、水洗いして水けをよくふき取る。

2 深めのフライパン、または底が広い鍋に煮汁の材料を入れて中火にかける。煮立ったらいわしを並べ、しょうが、潰した梅干しを種ごと入れる。再び沸いたら、弱中火にし、紙蓋をして10分ほど煮る。

3 火を止めて冷まし、さらに味を含ませる。

16

母のロールキャベツには、必ず薄切りのベーコンが折りたたまれて入っており、子供の頃は、中身はベーコンが当たり前と思っていました。大人になり、外で食べたものに、ひき肉が入っているのに驚いたものです。薄切りベーコンで作ると、キャベツはおいしくなるのですが、ベーコンは、ややくたびれた味に。それが気になり、わが家ではブロックベーコンで作ります。そしてよく煮込む。キャベツが〝やわらかく〟を通り過ぎて、とろとろになるまで煮込むと、うま味が出ておいしくなります。Ⓗ

ロールキャベツ

◉4個分
キャベツの葉……8枚　ベーコン（ブロック）……150g
トマト（さいの目切り）……1個分　塩……ふたつまみ

1　キャベツは外側の大きい葉を用意し、破れないよう、1枚ずつ丁寧にゆでる。キャベツの芯の部分を切り取る。
2　ベーコンは8等分の棒状に切る。
3　キャベツ1枚を広げる。もう1枚を少しずらし、切り取った芯の部分を覆うようにのせ、ベーコン2本と芯をのせ両端を巻き込みながらきつめに巻く。残り3個も同様に作る。
4　小鍋に、**3**を、巻き終わりを下にして、きっちり詰める（隙間が空くときは、にんじんや玉ねぎ、キャベツの芯などを詰め、動かないようにするとよい）。
5　ひたひたの水（分量外）を入れ、落とし蓋をして弱中火で50分ほど煮る。さらにトマトと塩を加え、5分ほど煮る。そのまま冷まして味を含ませ、温め直していただく。

わが家のカレーは、ルーで作る、昔ながらのおうちカレー。仕上げにコンビーフでコクを出すというのは夫の提案。入っているかわからないくらいに、溶け込んでいるのがいいのですって。

カレーライス

◉4～5人分

豚バラ薄切り肉……200g　コンビーフ……小1缶
じゃがいも……3個　玉ねぎ(薄切り)……2個分
にんじん(乱切り)……1本分
にんにく、しょうが(みじん切り)……各1片分
カレールー……160g(大さじ6～7)
塩、こしょう……各適量　しょうゆ、ケチャップ……各大さじ1
オリーブオイル、バター……各大さじ1

1　豚肉は食べやすい大きさに切り、塩、こしょうする。じゃがいもは皮をむいて4等分に切る。

2　鍋にオリーブオイルとバター、にんにく、しょうがを入れ、中火で炒める。香りが立ったら玉ねぎを入れ、しんなりするまで炒める。肉、にんじん、じゃがいもの順に加えながら、その都度、軽く炒める。

3　全体に油がまわったら、水5カップほど(分量外)を加え、蓋をして弱中火で20分ほど、全体がやわらかくなるまで煮る。

4　一度、火を止め、カレールーを加えて混ぜる。弱中火でルーを煮溶かし、6等分程度に切ったコンビーフを加え、しょうゆ、ケチャップを加え、さらに5分ほど煮る。ごはんとともに器に盛り、らっきょうなど好みの薬味を添える。

わが家の決まりは、「にんにくしょうゆ」で作ること。家族はこれがないと、あっさりしすぎてごはんのおかずにならないと言います。これで作ればごはんがすすむ！ Ⓗ

にんにく入り肉じゃが

◉4〜5人分
豚切り落とし肉……150g
にんにくしょうゆのにんにく(*)……3〜4片
にんにくしょうゆ(*)……大さじ3　じゃがいも……4個
玉ねぎ……2個　にんじん……1本
砂糖……大さじ2　油……大さじ1

1　じゃがいもは皮をむき、4〜6等分に切る。玉ねぎは8等分のくし形切り、にんじんは皮をむいて乱切りにする。
2　豚肉は、大きいものはひと口大に切る。
3　鍋に油を熱し、1を中火で炒める。にんにくを入れ、ひたひたより少なめの水(約2カップ)を加える。
4　3に砂糖を加え、沸いたら落とし蓋をして弱中火で煮る。じゃがいもがやわらかくなったら肉を加える。にんにくしょうゆを加え、落とし蓋を取って中火にし、煮詰める。煮汁が少なくなったら火を止めて冷まし、味を含ませる。

*にんにくしょうゆの作り方
にんにくは皮をむき、丸ごと容器に入れ、しょうゆをひたひたに注ぎ、冷蔵庫で保存する。しょうゆは1週間後、にんにくは1カ月後から使える。ただし、にんにくを薄切りにすれば、ひと晩漬けるだけでもよい。

甘辛い味のおかずは毎日食べても飽きません。肉はやや脂のある肩ロース、豆腐は木綿か厚揚げで。厚揚げの方が煮崩れがなく、コクも出るので、よく使います。玉ねぎ、長ねぎを両方入れるのは甘みの違うねぎ類を入れると、味に一層、深みが出るからです。わが家ではねぎ類からなくなっていくくらい、影の主役です。Ⓗ

肉豆腐

◉2〜3人分
豚肩ロース薄切り肉……120g
厚揚げ……1枚
玉ねぎ……¼個
長ねぎ……½本
だし……1.5カップ
しょうゆ、砂糖……各大さじ1½
酒……大さじ2
みりん……小さじ2

1 厚揚げは熱湯にくぐらせて油抜きし、ひと口大に切る。玉ねぎは2cm幅のくし形切り、長ねぎは5cm長さに切ってから、縦半分に切る。肉はひと口大に切る。

2 鍋にすべての材料を入れて中火にかけ、ふつふつしてきたら、落とし蓋をして弱中火で15分ほど煮る。

3 煮汁が少なくなったら、火を止めてそのまま冷まし、さらに味を含ませる。

私の大好物。子供の頃、あまりに好きなので、母が大きな丼で作ってくれたこともありました。鶏肉、しいたけ、えび、ぎんなん、ゆり根など具だくさんの茶碗蒸しでした。わが家では、おだしの味を含んだ、ふるふるとやわらかな卵地をたっぷりと食べたいから、具は少なめです。汁物として、卵とだしだけの具なし茶碗蒸しを作ることもあります。Ⓗ

茶碗蒸し

◉4人分

溶き卵……2個分
かに肉（軽くほぐす）……脚2本分
あれば、ゆり根……8〜12枚
だし……$1\frac{1}{2}$カップ
塩……小さじ$\frac{1}{4}$程度
淡口しょうゆ……小さじ1
三つ葉（ざく切り）……少々

1 だしに塩としょうゆを加え、吸い物程度の味加減にし、溶き卵を合わせる。

2 器に、かに肉と1枚ずつ外したゆり根を等分に入れる。

3 1をよく混ぜてから一度ざるでこし、2の器に注ぎ入れる。

4 3を蒸気の上がった蒸し器に入れ、最初の2分は強火で、その後、弱火にして15〜20分蒸す。取り出す直前に三つ葉を散らす。串を刺して、透き通った汁が出てきたら、蒸し上がり。

だしのきいた、ふんわりした玉子焼きには、大根おろしをたっぷりのせて。わが家では酒のつまみや、そばやうどんの付け合わせにも登場します。鉄や銅のフライパンなら、強火で一気に焼き上げます。フッ素樹脂加工のものなら中火くらいで。流し込んだ卵液が半熟の間に巻いて、しっとりと仕上げます。Ⓗ

だし巻き玉子

◉2〜3人分
卵……3個
かつおだし……1/4カップ
淡口しょうゆ……小さじ1/2　塩……ふたつまみ
油……小さじ1/2〜1　大根おろし……適量
好みでしょうゆ……適量

1 ボウルにかつおだし、しょうゆ、塩と卵を入れ、白身を切るようにしてよく溶きほぐし、卵液を作る。

2 卵焼き器、または小さめのフライパンに油を入れ、強めの中火で熱し、**1**の1/4量を流し入れ、全体に広げる。

3 卵液がふつふつと波打ってきたら、菜箸で端に寄せ、空いた所に残りの卵液の1/3量を流し入れる。端に寄せた玉子焼きの下にも卵液が入るように持ち上げ、端に寄せた玉子焼きを芯にして、くるくる巻いていく。

4 同様に2度くりかえして巻く。

5 切り分けて器に盛り、水けを軽くきった大根おろしをのせ、好みでしょうゆをたらす。

玉子焼きはお弁当にも、普段のおかずにもよく作ります。だし巻き同様、何かもう少し食べたいって思う時に卵さえあれば、すぐにできるのも嬉しいです。

玉子焼きの中身に決まりはないので、冷蔵庫や乾物の引き出しをのぞいて、手に取ったものを刻んで入れるだけ。ねぎも玉ねぎ、長ねぎ、万能ねぎ、どれも卵に合います。常備菜のひじき煮やきんぴら、おひたしなども入れて焼きます。残り野菜を細かく切って混ぜて焼けばオムレツ風にも。具によって塩味、しょうゆ味、砂糖で甘くと、味つけも自在です。Ⓗ

ねぎ入りの甘い玉子焼き

◉2〜3人分
卵……3個
青ねぎ……3本
砂糖……大さじ2
油……小さじ2

1　青ねぎは2㎝長さに切る。
2　ボウルに卵を割り入れ、砂糖と**1**を加え、よく混ぜ合わせる。
3　小さめのフライパンに油を入れて中火にかける。熱くなったら一気に**2**を流し込み、大きく混ぜる。半熟程度まで固まってきたら、2つに折りたたむようにして形を整える。もうひと焼きしてから、切り分けて器に盛る。

鶏のから揚げレシピはいろいろあります。しょうゆ味、にんにく味、しょうが味、ケチャップ味、ソース味に、マヨ味と、何度も作るから、食べる方も作る方も飽きないように、味を変えたり、鶏の部位を変えたりして作ります。そんな中で今、気に入っているレシピを記します。

お酢の効果か、鶏肉が柔らか。そして味もしっかりとつく。酢の味はとんでしまって、全く酸っぱさはありません。鶏のから揚げにはゆでキャベツが定番。柔らかなキャベツとカリッと揚がった鶏肉がよく合う。辛子は好みで。何でも辛子をつけたがる夫のために、溶き辛子が欠かせないわが家です。Ⓗ

から揚げ

◉3〜4人分

鶏もも肉……2枚（500g）

片栗粉、揚げ油……各適量

キャベツ、和辛子……各適量

A

酢……大さじ2　塩……小さじ1　砂糖……小さじ½

1 鶏肉はさっと水洗いし、水けをよくふき取る。余分な脂を取り除き、ひと口大に切る。

2 1にAをよくなじませ、15分ほどおく。

3 2に片栗粉をまぶし、170℃の揚げ油でこんがりと揚げる。よく油をきって器に盛る。

4 キャベツは一枚ずつ葉をはがしてゆで、筒状にくるくる巻いてひと口大に切り、辛子とともに3に添える。

これは母の代から作り続けてきたレシピです。ハンバーグは両面をこんがりと焼いて、蓋をして蒸し焼きにしますが、水は入れず、ハンバーグの水分だけで蒸し上げます。肉の中心あたりに竹串を刺し、透き通った肉汁が出れば焼き上がりのサインです。Ⓗ

ハンバーグ

◉2〜3人分
合いびき肉……200g
玉ねぎ(みじん切り)……1個分　食パン……¼枚
牛乳……¼カップ　バター……大さじ1　油……少々
にんじんのグラッセ、ポテトサラダ……各適宜
A
卵……1個　しょうゆ……小さじ1　塩、こしょう……各少々
[ソース]
水……大さじ2　ソース、ケチャップ……各大さじ1

1　フライパンにバターと玉ねぎを入れて中火にかけ、きつね色になるまで炒め、冷ます。食パンは細かくちぎり牛乳にひたす。
2　ボウルにひき肉と1、Aを入れ、よく練り混ぜる。人数分にたねを分け、両手でキャッチボールをするように手のひらにたたきつけて余分な空気を抜き、丸めて形を整える。
3　フライパンに油を中火で熱し、たねを並べる。焼き色がついたら、返して蓋をし、弱中火で5〜6分、蒸し焼きにする。
4　皿に、ハンバーグと付け合わせを盛りつける。フライパンに残った肉汁に、ソースの材料を加え、とろみがつくまで煮詰め、ハンバーグにかける。

いつでもすぐに餃子ができるように、具材はひき肉と玉ねぎがメイン。シュウマイの具と同じですが、玉ねぎだと塩もみしなくてもいいし、甘みが出るので、焼き餃子にも合う。もちろん白菜やキャベツの旬の時期には、玉ねぎは少しにし、あとはたっぷりの葉野菜を刻み、塩でもんで水けを取って作ります。Ⓗ

焼き餃子

◉25個分
餃子の皮……25枚
油……小さじ4＋少々　水……½カップ程度
[肉だね]
豚ひき肉……200g　玉ねぎ(みじん切り)……100g
にら(小口切り)……6本分
しょうが(みじん切り)……大1片分　塩……小さじ½
しょうゆ、ナンプラー……各小さじ½
ごま油……大さじ1½　片栗粉……大さじ1

1 ボウルに肉だねの材料を入れ、よく練り混ぜる。皮にひと口分ずつのせ、縁に水をつけ、ひだを寄せながら包む。

2 フライパンに油小さじ2を熱し、餃子の半量を並べる。強めの中火で4〜5分焼き、餃子の底に焼き色がある程度ついていたら、水¼カップを注ぎ、すぐに蓋をして蒸し焼きにする。

3 水けがなくなったら、蓋を取って水けを完全にとばす。油少々を周りからたらし、もうひと焼きする。残りも同様に焼く。

＊酢じょうゆ、レモン、ラー油、ゆずこしょうなど、好みのたれや薬味でいただく。

食べ応えがあり、ごはんのおかずになる春巻き。片栗粉でとろみをつけて具材をまとめているので、とろりとした口当たりと、食べると皮の中から具材が飛び出してくる感じが、たまりません。Ⓗ

春巻き

◉10本分

春巻きの皮……10枚　豚ひき肉……120g　もやし……1袋
たけのこ(水煮)……100g　きくらげ(水で戻す)……大2枚
春雨(水で戻す)……50g　長ねぎ(斜め薄切り)……1/2本分
しょうが(みじん切り)……1片分
片栗粉……大さじ2(水大さじ4で溶く)
ごま油……小さじ2　揚げ油……適量
A
オイスターソース、しょうゆ……各大さじ1
ナンプラー……小さじ2　塩……少々

1 もやしはひげ根を取り、たけのこ、きくらげは細切りに、春雨は食べやすい長さに切る。

2 深めのフライパンにごま油を入れ、中火でひき肉を炒める。肉が白っぽくなってきたら、1、長ねぎ、しょうがを入れて炒める。火が通ったら、Aを入れる。水溶き片栗粉でとろみをつけ、バットに広げて冷ます。

3 2の具材を10等分し、春巻きの皮で包む。巻き終わりに、小麦粉を水で溶いたのり(分量外)をつけて閉じる。

4 160℃の揚げ油で、こんがりと揚げる。

*酢や辛子でいただく。

シュウマイと餃子に目がない家族ですから、3人家族の分量では作りません。ともに一度に100個くらいは作ります。余った分は即冷凍庫へ。好きなおかずの冷凍があれば、どんなに疲れていても、毎日、台所に立てるのです。シュウマイの具は、豚ひき肉と玉ねぎが定番。あとは、しいたけやたけのこなど、あるものを刻んで加えています。㊟

シュウマイ

◉30個分

シュウマイの皮……30枚
豚ひき肉……350g
玉ねぎ（みじん切り）……130g
しいたけ（みじん切り）……大2枚分
青ねぎ（小口切り）……5本分
ナンプラー、塩……各小さじ1
片栗粉……大さじ1

1　ボウルにシュウマイの皮以外の材料を入れ、手でよく練り合わせる。

2　皮に1の肉だねを、小さなヘラやナイフでひと口分ずつのせ、片手で包み込むように握り、ヘラで上から押さえるようにして、円柱状になるように形を整える。

3　2を蒸気の上がった蒸し器に並べ、強火で7〜8分蒸す。しょうゆや辛子をつけていただく。

*冷凍保存する時は蒸してから。味をやや濃いめにするとよい。

肉に片栗粉をまぶして焼いてから、しょうがたれを合わせます。肉に味つけして焼くと焦げやすく、慌てることが多かったので、後から味をつけるレシピになりました。片栗粉をつけるとトロリとたれがよく絡みます。夫は、これにマヨネーズをちょんとつけてパンに挟んで食べるのも好きです。Ⓗ

しょうが焼き

◉2人分
豚肉(しょうが焼き用)……6枚
片栗粉……適量　油……小さじ2
せん切りキャベツ、トマト、マヨネーズ……各適量
[たれ]
しょうゆ……大さじ1½　酒……大さじ1
砂糖、みりん……各小さじ1
しょうが(すりおろし)……1片分

1　ボウルにたれの材料を合わせておく。
2　豚肉の両面に軽く片栗粉をはたく。
3　フライパンに油を入れて熱し、肉を1枚ずつ広げ、両面を中火で焼く。1のたれを絡め、焼き上げる。
4　皿にキャベツを盛り、3をのせ、くし形切りのトマトとマヨネーズを添える。

わが家のもうひとつのしょうが焼き。生しょうがではなく、甘酢しょうがを使います。甘酢しょうがは薬味でなく、一緒に炒める具になります。炒めて火が入ると、甘酢しょうがの酸味がまろやかになり、パクパク食べられる。このしょうが焼きを作るようになってから、毎年新しょうがで作る保存食、甘酢しょうがの量が、ぐんと増えました。

豚の甘酢しょうが炒め

◉2人分

豚肩ロース切り落とし肉……160g
甘酢しょうが(汁けをきる)……約1/4カップ
玉ねぎ……1/4個　ピーマン……1個
片栗粉……適量　油……小さじ2
［たれ］
砂糖、酒、しょうゆ……各大さじ1 1/2

1 ボウルにたれの材料を合わせておく。

2 豚肉に軽く片栗粉をはたく。玉ねぎは2cm幅のくし形切りにし、ほぐす。ピーマンは縦半分に切り、へたと種を取り除いて2cm幅に切る。

3 フライパンに油を入れて熱し、中火で肉を焼いて一度取り出す。

4 3のフライパンに玉ねぎとピーマンを入れて炒め、肉を戻し入れる。1のたれを絡め、甘酢しょうがを合わせてひと炒めする。

コロッケを作る時には人数分ではなく、食べきれないほど作ります。残った分はお弁当や忙しい時のおかずとして冷凍する。じゃがいもをゆでる、潰す、具を用意する、衣をつける、と手順がいくつもあるので、人数分作るのも、倍作るのも、負担は同じような気がするのです。 Ⓗ

コロッケ

◉25個分

じゃがいも……5～6個（約700g）
牛切り落とし肉……250g
玉ねぎ（みじん切り）……1個分　塩……小さじ½＋小さじ½
しょうゆ……小さじ1　牛乳……¼～½カップ
こしょう……適量　小麦粉、溶き卵、パン粉……各適量
油……小さじ1＋小さじ2　揚げ油……適量

1　牛肉はひと口大に切る。フライパンに油小さじ1を中火で熱して肉を炒め、塩小さじ½としょうゆで味をつけ、冷ます。

2　1のフライパンに油小さじ2と、玉ねぎを入れて弱中火で炒める。ややきつね色になったら、塩小さじ½で味をつけ、冷ます。

3　じゃがいもはよく洗い、皮ごと蒸すか、ゆでて、熱いうちに皮をむいて潰す。1と2を合わせ、加減しながらしっとりするまで牛乳を混ぜ、こしょうをふる。

4　食べやすい大きさに丸め、小麦粉、溶き卵、パン粉の順に衣をつけ、170℃の揚げ油でこんがりと揚げる。

＊好みでソースをかけてもおいしい。冷凍する時は揚げる前の状態で。

玉ねぎがたっぷりと入るので、肉だねはやわらかめ。小判形にするのが難しいので、ラグビーボールみたいな形に整えながら揚げていきます。具の玉ねぎは大きめに切ったものを混ぜて食べ応えを出します。これは学生の頃にアルバイトをしていた洋食屋さんのメンチが玉ねぎがゴロゴロっと入っていて好きだったので、昔を思い出し、わが家もそうするようになりました。粗びき黒こしょうが、甘い玉ねぎの味を引き立ててくれます。

メンチカツ

●4人分
豚ひき肉……300g
玉ねぎ……200g
卵……1個　塩……小さじ½
粗びき黒こしょう……適量　しょうゆ……小さじ1
小麦粉、溶き卵、パン粉……各適量
揚げ油……適量　サラダ菜……適量

1 玉ねぎは⅓量を7〜8㎜角に、残りは粗みじん切りにする。

2 ボウルに1、ひき肉、卵、塩、粗びき黒こしょう、しょうゆを合わせて練る。

3 小さめのラグビーボール形に丸め、小麦粉、溶き卵、パン粉の順に衣をつけ、170℃の揚げ油でこんがりと揚げる。器に盛り、サラダ菜を添える。

＊好みでソースをかけてもおいしい。

あじの酢締めは夏場によく作る料理です。あじを買ったら冷蔵庫に入れる前に内臓などを除いて3枚におろし、身に塩をふって冷蔵庫へ放り込みます。骨には軽く塩をして、天気がよければベランダで干し、雨降りなら扇風機の風に当てて乾かします。魚は内臓をつけたままにしておくと、味が落ちますから、買ったら下処理だけ急ぎます。レシピのように酢でしっかりと締める味も、塩を軽くし、柑橘類をぎゅっと搾って軽く締めたものもいい。Ⓗ あじのほか、片口いわしでも作ります。

あじの酢締め

◉作りやすい分量
あじ……3尾
塩……小さじ1½　酢……大さじ3
［薬味］
青じそ、甘酢しょうが、みょうが（輪切り）……各適量

1 あじは3枚におろす（中骨は、「骨せんべい」（P.33参照）用にとっておく）。あじの身の両面に塩をふり、バットに並べて1時間ほど冷蔵庫におく。

2 別のバットに酢を入れる。1を1枚ずつ、酢で洗うようにくぐらせ、再び、清潔な別のバットに入れて冷蔵庫に1時間おく。

3 皮をむいて小骨を抜き、食べやすく切る。器に青じそを敷き、その上に盛り、甘酢しょうがとみょうがを添える。

酒の肴に、子供のおやつに、と作ります。写真は酢締めのあじと、後のページに出てくるあじフライのあじの骨をすべて干して揚げました。魚屋さんで3枚おろしにしてもらう時も、中骨まで必ずもらって帰ります。自分でさばくと、中骨に身がかなりついているので、ふくよかな骨せんべいに。それもまた、よいのです。

骨せんべい

◉作りやすい分量
あじの中骨（P.32などで出たもの）……適量
揚げ油……適量

1 中骨は、水けをふき取り、塩（分量外）を軽くふって天日に当て、半日ほど干す。

2 170℃の揚げ油で、きつね色になるまでからりと揚げる。油をきって器に盛りつける。

3種のやっこ

豆腐は冷ややっこ、温やっこと、季節を問わずよく食べます。絹、木綿もとくに選ばず、その時に手に入るもので。冷ややっこは、今回のレシピのように具だくさんにしたり、時には塩とオリーブオイルだけ、とシンプルに食べたりもします。温やっこはそのまま塩だけ、しょうゆだけ、あとはゆずの皮をたっぷりとのせて食べるのもいいです。豆腐は必ずペーパータオルか盆ざるにのせて軽く水きりします。水きりをしないとお皿の中で水分がじわじわと出てきて、味をつけても薄くなってしまうのでそうするようになりました。

サラダ豆腐 (上)

◉3〜4人分
豆腐……1丁　レタス……1〜2枚
クレソン……適量
ミニトマト……4〜5個
[肉味噌]
豚ひき肉……80g
酒、砂糖……各小さじ2
味噌……大さじ1

1 豆腐は、ペーパータオルか盆ざるにのせて軽く水きりする。
2 肉味噌を作る。フライパンに油を引かず、ひき肉を入れて中火で炒り、酒、砂糖、味噌で調味する。
3 レタスとクレソンは食べやすい大きさにちぎり、ミニトマトは4等分に切る。
4 器に盛った**1**に**2**と**3**をのせる。

王道冷ややっこ (中)

◉3〜4人分
豆腐……1丁　青じそ……3枚
しょうが……½片　みょうが……½個
かつおの削り節……2g　しょうゆ……適量
好みで柑橘(すだちなど)……適量

1 豆腐は、ペーパータオルか盆ざるにのせて軽く水きりする。
2 青じそ、しょうがはせん切りに、みょうがは薄い小口切りにする。
3 器に**1**を盛り、**2**と削り節をのせ、好みで柑橘を添える。しょうゆをかけ、柑橘を搾っていただく。

山椒豆腐 (下)

◉3〜4人分
豆腐……1丁
きゅうり、青ねぎ……各1本
山椒の実の佃煮(または、しょうゆ漬け)……小さじ2
しょうゆ……小さじ2〜3
ごま油……小さじ2
白ごま……少々

1 豆腐は、ペーパータオルか盆ざるにのせて軽く水きりする。
2 きゅうりはせん切り、青ねぎは小口切り、山椒の実は粗みじん切りにする。
3 器に盛った**1**に**2**をのせ、しょうゆとごま油を合わせたたれをかける。仕上げに白ごまをふる。

かつおのたたきには、薬味が欠かせません。中でも香りのよいエシャレットとの組み合わせは抜群。かつおより薬味の方が多いのでは、というくらいにのせるのが好みです。春なら新玉ねぎを主役に。季節ごとの旬野菜と魚の組み合わせは、自然の恵みをそのまま食卓に出せば間違いないことを教えてくれますね。薬味は、大根おろしやしょうが、ししとうなどの時もあります。Ⓗ

かつおのたたき

◉3〜4人分

かつお（刺身用）……1さく
エシャレット……2個
みょうが……1個
にんにくしょうゆのにんにく（P.18参照）……1片
青じそ……5枚　玉ねぎ……1/8個
すだち、かぼす、しょうゆ……各適量

1 フライパンを中火で熱し、かつおの表面を色が変わるまで焼きつける。

2 エシャレットとみょうがは薄い輪切りに、にんにくは半分に切って薄切りにする。

3 青じそはせん切りにする。玉ねぎは薄切りにして塩少々（分量外）でもんでからさっと水にさらし、水けを絞る。

4 1のかつおを、食べやすい厚さに切って青じそと玉ねぎと一緒に器に盛りつける。2をのせ、すだちやかぼすを添える。しょうゆをかけていただく。

学生の頃アルバイトをしていた洋食屋さんのまかないでケチャップ焼きをよく食べさせてもらいました。肉は鶏だったり豚薄切り肉だったり。付け合わせは玉ねぎ、ピーマン、マッシュルーム。マッシュルームは当時、缶詰だったな。時代を感じるひと皿です。

鶏のケチャップ焼き

●2〜3人分

鶏もも肉……2枚（500g）　塩、こしょう……各適量

小麦粉……大さじ1程度　にんにく（潰す）……1片分

オリーブオイル……大さじ1

ピーマン（2cm幅の輪切り）……2個分

［ソース］

ケチャップ……大さじ2　ソース……小さじ2

しょうゆ……小さじ½　砂糖……小さじ1　水……¼カップ

1　鶏肉はさっと水洗いし、水けをよくふき取って余分な脂を取り除く。塩、こしょうで下味をつけ、小麦粉を薄くまぶす。

2　フライパンにオリーブオイルとにんにくを入れ、弱中火にかけて、にんにくをこんがりするまで焼きつける。

3　にんにくを取り出し、**1**を皮目から焼く。空いた所にピーマンを入れて一緒に焼く。肉は、中火で7〜8分焼き、こんがり焼けたら返し、3〜4分焼いて取り出す。ピーマンは、焼き上がったら、塩少々（分量外）をふって取り出す。

4　**3**のフライパンにソースの材料を入れてひと混ぜし、弱中火にかける。沸いてきたら、肉を戻し入れて絡め、食べやすく切って、ピーマンとともに器に盛りつける。

かに玉の形はこうでなくちゃ、がなくなってから、気軽に作れるようになりました。あまりに崩れたら、ごはんにのっけて、あんをかければなんとかなる。そうやってかに玉を作ってきました。Ⓗ

かに玉

◉2人分
かに缶……80g　卵……4個　砂糖……大さじ1
塩……ふたつまみ　しいたけ……2枚
たけのこ(水煮)……80g　長ねぎ(白い部分)……1本分
ごま油……大さじ1　油……大さじ1
A
ナンプラー……小さじ1　しょうゆ……小さじ½　塩……少々
[あん]
絹さや(斜めせん切り)……8枚分　酢……大さじ1
淡口しょうゆ……小さじ½　砂糖……小さじ¼
片栗粉……小さじ2　水……½カップ

1 大きめのボウルに、かに缶、卵、砂糖、塩を合わせておく。
2 しいたけは石づきを落とし、軸はせん切りに、かさは薄切りにする。たけのこは薄切りに、長ねぎは斜め薄切りにする。
3 フライパンにごま油を熱し、2を中火で炒める。Aを加え、1に入れて混ぜる。
4 フライパンに油を入れて熱し、3を流し、大きく混ぜる。やや火が通ったら、4等分し、裏返して形を整え、器に盛る。
5 あんの材料を小鍋に入れて混ぜ、中火にかける。とろみがつき、透き通るまでよく混ぜながら火を通し、4にかける。

麻婆豆腐は、下宿していた時にお世話になったおばさまの得意料理をアレンジしたもの。玉ねぎがたくさん入っていたのが印象的です。炊きたてのごはんにたっぷりとかけて食べます。にらが旬の時期には、豆腐が見えなくなるくらい入れます。

麻婆豆腐

◉2〜3人分
絹ごし豆腐……1丁（300g）
牛切り落とし肉（2cm幅に切る）……150g
玉ねぎ（粗みじん切り）……½個分
にら（小口切り）……6〜8本分
にんにく、しょうが（みじん切り）……各1片分
豆板醤……小さじ1　しょうゆ、味噌……各小さじ1
オイスターソース……大さじ2　油……大さじ1
片栗粉……大さじ1（水大さじ2で溶く）
ごま油……適量

1　豆腐は、ペーパータオルか盆ざるにあげて水きりする。

2　フライパンに油とにんにく、しょうがを入れ、弱中火で炒める。香りが立ったら、豆板醤、玉ねぎを加えて、中火で炒める。

3　牛肉を加えて炒め、ほぼ火が通ったら、水1½カップ（分量外）を加えて、しょうゆ、味噌、オイスターソースと豆腐を入れる。木べらで豆腐を大きく切り分け、弱中火で豆腐を温めるように煮る。

4　**3**に水溶き片栗粉をまわし入れてとろみをつけ、にらを加えて、仕上げにごま油をまわしかける。

黒酢で酢豚を作るようになったのは、ここ15年くらいでしょうか。通っていた中国料理のお店で初めて食べてから、黒酢のやわらかな酸味の虜になりました。酢豚のほかに、炒め物の調味料としてもよく使います。黒酢を使うと、塩けが和らぐと同時に、しっかりと味が含まれるような気がします。酢豚にかぼちゃ。意外な組み合わせと思われるでしょうが、いろんな組み合わせをするうちに定番となりました。かぼちゃの甘みが黒酢に合います。Ⓗ

黒酢酢豚

◉2人分

豚肩ロース肉（とんかつ用）……2枚
れんこん、かぼちゃ（ひと口大に切る）……各100g
塩……小さじ1/4　こしょう、しょうゆ……各小さじ1/3
片栗粉……適量　揚げ油……適量

A
黒酢……大さじ2 1/2　砂糖……大さじ2
しょうゆ……大さじ1　オイスターソース……小さじ1/2
だし……3/4カップ　片栗粉……大さじ1

1　豚肉は水けをふき取り、ひと口大に切る。塩、こしょう、しょうゆで下味をつけ、10分おく。

2　Aをフライパンに入れて中火にかけ、とろみがつくまで混ぜ、火を止める。

3　1に片栗粉をまぶす。

4　170℃の揚げ油でれんこん、かぼちゃ、肉の順に揚げ、2に合わせてひと煮しながら、あんを絡める。

片栗粉でとじたとろみが好きで、残ったとろみあんだけをごはんにかけて食べるのがいつものパターン。トマトを入れるのは、トマトの酸味とうま味が欠かせないから。中華だしやスープの素を使わなくなってからとくにそのうま味に助けられています。

トマトえびチリ

◉2〜3人分
えび……中12尾　トマト（ざく切り）……2個分（200g）
しょうが（みじん切り）……1片分
玉ねぎ（粗みじん切り）……½個分　片栗粉……適量
豆板醤……小さじ½〜1　油……大さじ2
塩、ごま油……各少々
片栗粉……大さじ1（水大さじ2で溶く）
A
　酢……⅓カップ　砂糖……大さじ3〜4
　しょうゆ、ケチャップ……各大さじ2

1　えびは殻をむいて背わたを取り、塩水で洗い、水けをふき取り、片栗粉を薄くまぶす。フライパンに油大さじ1を入れて中火で熱し、えびの両面を焼きつけ、一度取り出す。
2　1のフライパンに油大さじ1を足し、しょうがを炒める。香りが立ったら、豆板醤を入れてひと炒めする。
3　玉ねぎを加えて炒め、水1カップ（分量外）を入れて5分ほど煮る。Aを加え、水溶き片栗粉でとろみをつける。
4　1を戻し入れ、トマトを加えて軽く煮る。塩で味をととのえ、香りづけにごま油をまわしかける。

チンジャオロースの肉は牛肉だったり、豚肉だったり。うちはラム肉や馬肉で作ることもあります。レシピはラムですが、どの肉でも作り方、調味料ともほぼ同じです。ラムは最近は本当に手に入りやすくなり、しかもうま味があるから、脂身のないラムを見かけるとつい手に取ってしまいます。肉はあくまでも味出しのため。主役はピーマンとたけのこです。たっぷりと細切りにしたら、油をまとわせ短時間で炒めます。シャキシャキしたピーマンの青い香りがプンと立つと、一気にお腹が空きます。Ⓗ

チンジャオロース

◉2人分

ラム肉（1cm厚さ程度）……180g
ピーマン、カラーピーマン……合わせて250g
たけのこ（水煮）……120g　片栗粉……小さじ2
にんにくしょうゆ（P.18参照）……小さじ1
塩……小さじ$\frac{1}{4}$　オイスターソース……大さじ1
黒こしょう……適量　油……大さじ$1\frac{1}{2}$

1 ラム肉は細切りにし、にんにくしょうゆと塩で下味をつけ、片栗粉を薄くまぶす。

2 ピーマンとたけのこはすべて細切りにする。

3 フライパンに油大さじ$\frac{1}{2}$を中火で熱し、**1**を炒め、火が通ったら、取り出す。

4 **3**のフライパンに油大さじ1を足し、**2**を中火で炒める。オイスターソース、塩少々（分量外）で調味し、**3**を戻し入れてひと炒めし、黒こしょうをふる。

鶏だんごは2週間に一度くらいのペースで作るおかず。お弁当には、だんごのおかずは便利なものですから、常に冷蔵庫に作りおきがあります。せっかく練るなら、刻むなら、このくらいの量を仕込んでも苦じゃない。むしろ、後から作っておいてよかったと思う方が大きいから、多めに作ります。ひき肉に合わせるのは長ねぎの時もあり、ふんわり仕上げたい時には長いものすりおろしを少し加えて。冬になると鎌倉の鶏肉専門店に鴨との合いびきが並ぶようになり、その合いびきでだんごを作れば、鴨のだしがスープに滲み出て、一層おいしくなります。だから汁も一滴も残らない。だんごはまん丸に作るなら手で丸め、いびつな形にしたい時にはスプーンですくって作ります。Ⓗ

鶏だんご

◉20個分

鶏ひき肉……500g
玉ねぎ(みじん切り)……1/4個分
青ねぎ(小口切り)……6本分　酒……大さじ1
ナンプラー、しょうゆ、塩……各小さじ1/2
片栗粉……大さじ1 1/2

1 材料をすべてボウルに入れ、よく混ぜる。

2 鍋に3カップの湯(分量外)を沸かし、スプーン2本を使いながら、**1**を丸めて落とす。

3 煮立ったら弱中火で7〜8分煮て、しょうゆ小さじ2(分量外)を加えて2分ほど煮る。火を止め、煮汁の中でそのまま冷ます。

近所の魚屋さんでは、小ぶりのあじはフライ用におろされ、何枚も重なって売られています。三角形のあじが並んだ様子が美しくて、家族分よりついつい多い枚数を買ってしまいます。あじフライにはタルタルソースを用意しますが、ソースもつけてダブルソースがけに。キャベツも山高く盛りつければ、あじフライ定食のでき上がりです。Ⓗ

あじフライ

◉2人分
あじ(フライ用)……4〜6尾
塩、こしょう……各少々
小麦粉、溶き卵、パン粉……各適量
揚げ油……適量
せん切りキャベツ、ソース……各適量
［タルタルソース］
ゆで玉子(粗みじん切り)……2個分
らっきょう漬け(粗みじん切り)……4個分
パセリ(みじん切り)……小さじ2
マヨネーズ……大さじ3　塩……少々

1 あじは水けをふき取り、塩、こしょうで下味をつけてから、小麦粉、溶き卵、パン粉の順に衣をつける。
2 タルタルソースの材料をすべて合わせる。
3 170℃の揚げ油で、1をこんがりと揚げ、キャベツとともに器に盛る。タルタルソースを添え、好みでソースをかける。

海辺の町で暮らすようになって、かますをフライにすることを知りました。夏から秋にかけてかますが旬を迎えます。かますにも種類があり、大きさも大小様々。大きいものはお刺身にしたり、開いて干したり。中くらいのものはもっぱら塩焼き。そして小ぶりのものはあじフライのようにおろして売っています。かますのフライはあじよりも身がふわふわでやわらか。足の早い魚なので、なかなか都内へは出回らず、地元の人たちの口に入るらしい。私はあじフライはソース。かますフライはレモンをたっぷりと搾って、しょうゆで食べるのが好きです。Ⓗ

かますフライ

◉2人分

かます（フライ用）……4尾　塩、こしょう……各少々
小麦粉、溶き卵、パン粉……各適量
揚げ油……適量　レモン……適量
好みでしょうゆ、タルタルソース（P.44参照）、ソース……各適宜

1 あじフライ（P.44参照）と同様の手順で仕上げ、器に盛りつけ、くし形に切ったレモンを添える。好みで、しょうゆ、タルタルソース、ソースなどをかけても。

南蛮漬けの主役は野菜です。揚げた魚は味出し。こう書くとなんだか贅沢な料理ですね。魚のうま味と揚げた油がたっぷりとしみ込んでいる野菜のおいしさといったら。だからうちでは、野菜をかなり多めに入れるのですが、それでも野菜からなくなり、魚が残る……。冬ならわかさぎや生鮭、春先や初秋なら豆あじで作ります。Ⓗ

南蛮漬け

◉作りやすい分量
わかさぎ……10〜12尾　紫玉ねぎ（薄切り）……1個分
セロリ（せん切り）……1本分
赤パプリカ（せん切り）……½個分
片栗粉、揚げ油……各適量
［調味料］
すし酢（P.9参照）……¼カップ
白ワインビネガー……大さじ1　しょうゆ……小さじ2
黒こしょう……適量
赤唐辛子（種を取って小口切り）……1本分

1 紫玉ねぎ、セロリ、パプリカはバットに入れる。
2 わかさぎは片栗粉をまぶし、170℃の揚げ油で色よく揚げ、熱いうちに1の野菜の上にのせる。
3 2に、調味料を合わせてまわしかけ、15分ほどおく。底から軽く返し、さらに10分ほどおいて味をなじませる。

ピーマンを切らずに丸ごと肉詰めにしてしまえば、肉とピーマンがはがれる心配もありません。ピーマンを丸ごと蒸し焼きにして種ごと食べるようになって以来、肉詰めの時にも種を取らずに、肉をギュギュッと詰めてしまいます。種取りが案外、面倒だと思っていたのもあって、気が楽に。些細なことなんですが、毎日のことだと、そんな小さなプロセスも負担に思うことがありますね。Ⓗ

ピーマンの丸ごと肉詰め

◉2〜3人分

ピーマン……4〜5個

小麦粉……適量　油……大さじ1

[肉だね]

豚ひき肉……300g

玉ねぎ(みじん切り)……1/4個分

しょうゆ、塩……各小さじ1/2

片栗粉……大さじ1

1 肉だねの材料をボウルに入れ、よく混ぜ合わせる。

2 ピーマンはへたを落とし、種はそのままにして、内側に軽く小麦粉をふる。

3 種を押し込むようにしながらピーマンに**1**を詰め、全体に小麦粉をふる。

4 フライパンに油を熱し、**3**を中火で焼きつけ、蓋をして弱めの中火で5〜6分、蒸し焼きにする。

金目鯛のあら炊き
潮汁
金目鯛の湯引き

金目鯛の一尾買いなんて想像もしていなかったことです。まだ海辺での暮らしに慣れない頃、市場で恐る恐る3枚おろしまでは頼んでいました。それ以上は頼めない雰囲気。もちろん、あじやいわしなどの小魚は全くさばいてもらえない。だからすぐ、魚をさばくための小さな出刃包丁を買いました。

驚くことに、市場でなんとなく、働く皆さんの包丁さばきを見るうちに、見よう見まねで金目鯛やさば、真鯛くらいは、さばけるようになりました。もちろんプロのようなわけにはいきませんから、身のたっぷりと付いた、中骨で汁物を作ったり、頭やかま、中骨などであら炊きをするようになり、一尾丸ごと、無駄なく食べ尽くせるように。

最近は、どんなリクエストにも応えてくださる魚屋さんも見つかり、魚料理がますます身近になってきました。それでもまだ苦手なのは、うろこ取りです。いろんな所に飛び散って、これぱかりは、台所ではなかなか難しい。掃除したつもりでも、翌々日くらいまで、どこからともなく、うろこが出てきます。

金目鯛のあら炊き

(P.48)

◉作りやすい分量
金目鯛の頭……1尾分
金目鯛の中骨……½尾分
金目鯛の切り身……適量
ごぼう……80g　針しょうが……適量
[煮汁]
酒……¼カップ　砂糖……大さじ2
しょうゆ……大さじ2½　水……½カップ

1 ごぼうは5cm長さに切り、縦に2〜4等分にする。水に5分ほどつけて水けをきる。
2 煮汁の材料を大きめの鍋に入れて中火にかけ、煮立ってきたら金目鯛を入れる。
3 再び沸いたら、ごぼうを入れ、紙蓋をして中火で7〜8分煮る。時々、鍋を回して、煮汁を含ませる。
4 器に盛り、針しょうがをあしらう。

潮汁

(P.49)

◉2〜3人分
金目鯛の中骨……½尾分
金目鯛の切り身……2〜3切れ
昆布だし……2カップ
塩……ふたつまみ
白髪ねぎ……適量

1 中骨は椀に入るくらいの大きさに切り、身とともにざるに入れ、熱湯をかける。
2 昆布だしを温め、**1**を入れ、弱中火で2〜3分煮て、塩で味をととのえる。
3 椀によそい、白髪ねぎをあしらう。

金目鯛の湯引き

(P.50)

◉作りやすい分量
金目鯛……半身1枚
長ねぎ(小口切り)……10cm分
塩……小さじ¼
ポン酢……適量

1 長ねぎは水にさらし、水けをきる。
2 金目鯛は塩をふり、10分ほどおいてからまな板にのせ、熱湯をかける。
3 粗熱が取れたら、食べやすく切って器に盛り、**1**を散らし、ポン酢をかけていただく。

余ったあら炊きの煮汁でおから

◉作りやすい分量
おから……200g　にんじん……½本
油揚げ……1枚　絹さや……10枚
ひじき(水で戻す)……100g
長ねぎ(小口切り)……8cm分
だし……1カップ
あら炊きの煮汁……適量
塩……小さじ½　油……小さじ2

1 にんじんは2cm長さの細切り、油揚げは開いて一枚に広げ、2cm長さの細切りにする。絹さやはゆで、斜め細切りにする。
2 鍋に油と、にんじん、油揚げ、ひじきを入れ、中火で軽く炒める。おからを加えてひと炒めし、だしを注ぐ。あら炊きの煮汁と塩で調味する。汁けがなくなるまで混ぜながら煮る。
3 味を見て、塩少々(分量外)でととのえ、絹さや、長ねぎを加えて混ぜ合わせる。

母がよく作ってくれたグラタンのホワイトソースは、玉ねぎを炒めてそこに粉をなじませてから牛乳でのばすやり方。ダマにならずに、失敗なしのレシピです。中身はえびとか、かにとか、マカロニだったり、ごはんだったり、スパゲティだったりしますが、具は少なく、ホワイトソースたっぷりが、実は一番好きです。マカロニサラダ同様、グラタンのマカロニも、しっかりとゆでた方が、ソースとよくなじみます。Ⓗ

グラタン

◉2人分

マカロニ……100g　玉ねぎ(薄切り)……1個分
鶏もも肉(ひと口大に切る)……120g　バター……20g
小麦粉……大さじ2　牛乳……2½カップ
オイスターソース、塩……各小さじ½
パルミジャーノチーズ(すりおろし)……大さじ4～5

1 深めのフライパンにバターを入れて中火にかける。溶けてきたら、玉ねぎを加えて炒める。鶏肉も加えて炒め、玉ねぎがしんなりしてきたら、小麦粉を加えてなじむまでさらに炒める。

2 1に牛乳を少しずつ加えてのばす。すべて入ったら、とろみがつくまで煮る。オイスターソース、塩で味をととのえる。

3 マカロニは袋の表示時間よりもやや長めにやわらかくゆで、水けをきっておく。

4 2と3を混ぜて耐熱皿に入れ、チーズをふって、250℃に熱したオーブンで20分ほど焼く。

マカロニサラダのマカロニは、昔ながらの普通のマカロニがいい。外国のマカロニだとなんだかしっくりとこないのは、このサラダはもう日本の洋食の定番だからかもしれませんね。だから具材もおなじみのものばかり。ツナの代わりにハムのことも、炒めたベーコンやソーセージのこともある。野菜も水けのないもの、またはよく水けをきったものを加え、組み合わせは限りない。マカロニは表示通りにゆでること。やわらかいマカロニはしっかりと味がなじみます。Ⓗ

マカロニサラダ

◉2人分
マカロニ……150g　ピーマン……2個
にんじん……1/3本　ツナ缶……小1缶
紫玉ねぎ(薄切り)……1/4個分
すし酢(P.9参照)……大さじ2　マヨネーズ……大さじ3
塩、こしょう……各適量

1　ピーマンはへたと種を除いて細切りにする。にんじんは2～3cm長さの細切りにし、塩少々(分量外)をまぶしてしばらくおく。しんなりしたら水けをよく絞る。

2　鍋に湯を沸かし、マカロニを袋の表示時間通りにゆで、ざるにあげる。

3　**2**が熱いうちに紫玉ねぎとともにボウルに入れ、軽く混ぜる。5分ほどおいてなじませ、すし酢を加える。冷めたら**1**と、ツナを缶汁ごと加え混ぜ、マヨネーズで和える。味を見て、塩、こしょうでととのえる。

私の学生時代は、今のようなお洒落なカフェはなく、昔ながらの喫茶店が外食の場でもありました。ナポリタンは懐かしい喫茶店の定番メニューのひとつで、甘いケチャップがたっぷりと絡んだ味を、今でも時々食べたくなります。マカロニサラダと同じく、スパゲティのゆで加減は表示通りか、ややややわらかく。太めのスパゲティで作ります。Ⓗ

ナポリタン

◉2人分

スパゲティ……180g

ソーセージ（斜め薄切り）……2本分

ピーマン……1個

玉ねぎ……1/3個

塩……適量

ケチャップ……大さじ2〜3

砂糖、しょうゆ……各少々　油……大さじ1

1 ピーマンはへたを落として縦半分に切り、種を取り除き、横5㎜幅に切る。玉ねぎは1㎝幅のくし形切りにする。

2 スパゲティは塩を加えた湯で、袋の表示時間通りにゆでる。

3 フライパンに油を中火で熱し、玉ねぎ、ソーセージ、ピーマンの順に炒め合わせる。玉ねぎがしんなりしてきたら、軽く塩をして、ケチャップと砂糖を合わせて軽く炒める。

4 ゆで上がったスパゲティを加えて軽く炒め、しょうゆ、塩少々で味をととのえる。

秋冬の寒い時期に食べたくなるシチュー。とろみをつけてクリーム状になるまで煮込めば一層、体が温まる一品になります。鶏肉が定番ですが、野菜に決め事はなく、きのこいっぱいで作ることもあれば、根菜づくしの時も。「にん・玉・じゃが」は常備の野菜なので、思い立ったらこれだけで作れるのもいい。隠し味の味噌が結構コクを出してくれるので気に入っています。

クリームシチュー

◉4人分

鶏もも肉……1枚（200g）　玉ねぎ……1個
じゃがいも……2個　にんじん……小1本
エリンギ……大1本　オリーブオイル……大さじ1
バター……20g　牛乳……1½カップ　味噌……小さじ1
小麦粉……大さじ1　塩、こしょう……各適量

1 鶏肉はひと口大に切り、軽く塩、こしょうする。玉ねぎは¼個分をみじん切りに、残りは食べやすく切る。皮をむいたじゃがいも、にんじん、エリンギはひと口大に切る。

2 鍋にオリーブオイルとバターを入れて中火にかけ、バターが溶けたら、玉ねぎのみじん切りを色づくまで炒める。肉を加えて炒め、色が変わったら、両面を焼きつけるようにして火を通す。野菜類を入れて軽く炒め合わせる。

3 2に小麦粉を入れ、全体になじんだら、ひたひたより少なめの水（約1カップ）を注ぎ、蓋をして弱中火で煮る。

4 野菜がやわらかく煮えたら、牛乳を加え、弱めの中火で温める。とろみがついて煮立ってきたら、塩と味噌で調味する。

ごはんを炒めず、おかずを混ぜて器にのせ、半熟に焼いた玉子をのせた、簡単オムライス。ごはんを玉子で包まず、とろとろの半熟状態を、ただフライパンから滑らせるだけ。玉子でケチャップライスを包む、昔ながらのオムライスに憧れて、何度も作ってはみたものの、なかなかうまい具合にいかず、〝ただのせる〟に行き着きました。子供たちが何人か遊びにきてお昼ごはんを食べさせるような時にも、このっけオムライスなら、お待たせせずに、ちゃちゃっとできます。Ⓗ

和のオムライス

◉2人分

ひじき煮（P・95参照）……約½カップ（120g）
ごはん……茶碗山盛り2杯分
卵……3個
砂糖……小さじ1½
油……大さじ1

1 ごはんは、冷めていたら電子レンジなどで温め、ひじき煮を混ぜて、半量ずつ器に盛りつける。

2 ボウルに卵を割り入れ、砂糖を加えてよく混ぜ合わせる。

3 小さめのフライパンに油の半量を中火で熱し、**2**の半量を入れて大きく混ぜ、表面が半熟くらいに固まったら、**1**に滑らせるようにのせる。残りの**2**も同様に焼き、**1**にのせる。

サンドイッチの中で一番好きなのが玉子サンド。卵が好きなこともあるけれど、黄色のその見た目からもなんだか幸せを感じてしまうのです。ふわふわやわらかな食パンで作ります。

玉子サンド

刻み玉子サンド(右)

◉2人分

固ゆで玉子……2個　マヨネーズ……大さじ2強
塩、バター……各少々　食パン(8枚切り)……4枚

1 ゆで玉子は刻んでマヨネーズで和え、塩で味をととのえる。

2 パンにバターを塗り、**1**を挟む。耳を落として半分に切る。

だし巻きサンド(左)

◉2人分

卵……3個　砂糖……小さじ1　淡口しょうゆ……小さじ½
だし……大さじ3　油……少々　バター、辛子、マヨネーズ……各適量　食パン(8枚切り)……2枚

1 ボウルに卵、砂糖、しょうゆ、だしを加えてよく混ぜる。

2 卵焼き器(12×18㎝)を熱して油をなじませ、強中火にし、**1**の⅓量を流して広げ、半熟になったら半分に折りたたむ。空いた所に油をなじませ、残りの卵液の半量を流し広げる。

3 **2**の手順と同様に焼いて折りたたみ、残りの**1**も同様に焼き上げ、アルミホイルに包んで置いておく。

4 パンにそれぞれバター、辛子、マヨネーズを塗り、粗熱が取れた**3**をのせて挟む。耳を落として4等分に切る。

父が休みの日は、決まって朝食はお粥でした。大きな寸胴鍋いっぱいに入っていて、皆、丼にお粥をよそって食べました。その時のお粥は、サラサラの中華粥。風邪を引いた時に作ってくれるのは、とろみのあるお粥。どちらも好きだったけれど、スープ感覚で食べるさらりとしたお粥の日は、父が休みだという合図のようなものでもあったので、嬉しい一日の始まりでした。Ⓗ

お粥

◉2人分

米……½合
水……米の10倍量
鴨肉(スライス)……8枚
塩……小さじ⅓
香菜(粗みじん切り)……適量

1 厚手の鍋に研いだ米と水を入れて、蓋をし、中火にかける。
2 煮立ってきたら弱火にして、30分煮る。鴨肉を加えてさらに煮込む。途中、水けが少なくなったら水を適宜足す。
3 とろとろになったら塩で調味し、器に盛り、香菜をのせる。

炊きたてのごはんを熱い熱いと言いながら握ると、ごはんがピカピカに光ったおむすびになる。まずは海苔なしで、パクリ。次は焼き海苔を巻いてパクリ。衛生上からラップで握ったり、型ぬきで作ったりすることもあるようですが、私は断然、手で握った方が好き。塩のなじみも違うように感じるから。お弁当でない時にも、おむすびは食卓に並びます。普段のごはんの時、お酒の席、バーベキューの時、娘が留守番をしている時、などなど。おむすびはその人の味が出るらしい。仕事中に娘が帰宅し、テーブルにあったおむすびを食べて、これママが握ってないでしょと言ったことがありました。正解。その日はお手伝いをしてくれていた方が握ったのでした。形や塩の加減はそれぞれ違う。だからおいしいのだと改めて思った、娘のひと言でした。Ⓗ

おむすび

◉作りやすい分量
炊きたてのごはん……適量
塩……適量
好みで海苔……適量

1 炊きたてのごはんを、茶碗などを使い、濡らしたまな板に食べたい分だけ、かたまりにしてのせていく。

2 1を、まな板にのせた順に、塩をなじませた手で握る。塩の量は、すぐに食べるならひとつまみ程度、お弁当などに持っていくならもう少し多めにつける。好みで海苔を巻く。

とにかく酢飯好き。普段は鮭フレークと海苔や、納豆と漬物、トマトとアボカドをのせた、酢飯丼が定番。お客さまが来る時には、見た目が豪華だから、巻きずしにしています。Ⓗ

巻きずしいろいろ

◉2〜3人分

穴子きゅうり

焼き穴子……1枚　きゅうり……$\frac{1}{4}$本

まぐろたくあん

まぐろ(すき身)……大さじ4　たくあん(せん切り)……6枚分

青じそ……2枚　小ねぎ(粗みじん切り)……5cm分

梅じそきゅうり

梅干し……1個　青じそ……2枚　きゅうり……$\frac{1}{2}$本

白ごま……適量

すし飯……1.5合分　焼き海苔……3枚

1 きゅうりは縦四等分に切り、種をスプーンでこそげ落とし、塩(分量外)を軽くふって10分ほどおき、水けをふき取る。青じそは縦半分に切る。梅干しは種を取ってほぐす。

2 穴子きゅうり、まぐろたくあんを作る。巻きすにそれぞれ、海苔1枚とすし飯$\frac{1}{3}$量を均等にのせる。具を中心よりもやや手前にのせて、包むように巻き、形を整える。

3 梅じそきゅうりを作る。海苔を半分に切り、残りのすし飯の半量ずつを、2と同じ要領で2本巻く。

4 ぬれ布巾で包丁をふきながら、好みの幅に切り、器に盛る。

小学生の時に祖母と入ったそば屋さんで、「親子丼って何ですか」って聞いたことを、今でもはっきり覚えています。「鶏肉と卵、親子の具で作るから親子丼っていうんだよ」とお店の人に教えられ、シュンとなりました。祖母には「バカなこと聞くねー、字を見ればわかるだろ」って言われたけれど、そうじゃない。知らなかったことよりも、親子を食べることにショックを受けて泣き出したのでした。それでも、甘辛い煮汁がしみたごはんが、それはそれはおいしくて、そのショックはあっという間に終わったのですが。卵のとじ方でも味わいが違うので、その時々で卵の溶き方、火の通し具合を変えます。卵好きの娘は、溶き卵にプラス落とし卵の親子丼。ボリューム満点です。Ⓗ

親子丼

◉2人分

鶏もも肉……200g
溶き卵……2個分　玉ねぎ……½個
かつおだし……⅓カップ　しょうゆ、砂糖、酒……各小さじ2
三つ葉(ざく切り)……適量　ごはん……茶碗2杯分

1 鶏肉はさっと水洗いし、水けをふき取る。余分な脂を取り除き、ひと口大に切る。玉ねぎは1cm幅に切る。

2 鍋、またはフライパンにかつおだしを入れて温め、**1**を加えて煮る。肉の表面が白くなったら、しょうゆ、砂糖、酒を加えて2分ほど煮る。溶き卵をまわしかけ、好みの加減まで蓋をして火を通す。

3 器にごはんを盛り、**2**をのせ、三つ葉を散らす。

焼きそばは、週に一度は作ります。週末の朝ごはんに作ることが多いかな。その時々の残り野菜を入れて、肉は豚でも鶏肉でも。肉がなければ、ハムやベーコン、ソーセージ、ちくわやかまぼこということも。それもない時は、野菜だけか、炒り玉子入りか、最後に目玉焼きのせもありです。麺は、固めに焼きつけることもあれば、野菜が多ければ野菜の汁けを吸ったやわらかな麺の時も。味つけもソース、塩、しょうゆ、オイスターソースとなんでもあり。そんな気軽さも好きな理由かもしれません。Ⓗ

焼きそば

◉2人分
中華蒸し麺……2玉
牛切り落とし肉……150g　もやし……1袋
にら……1/3束　塩、こしょう……各少々
オイスターソース……大さじ1　しょうゆ……少々
ゆずこしょう……適量　油……小さじ2

1　牛肉は食べやすい大きさに切り、軽く塩、こしょうする。
2　もやしはひげ根を取り、にらは3cm長さに切る。
3　フライパンに油を熱し、中火で麺を焼きつけ、取り出す(無理に麺をほぐさず、両面こんがりと焼くと自然にほぐれる)。
4　3のフライパンに肉を入れて中火で炒める。ほぼ火が通ったら、もやしと3の麺を入れて炒める。オイスターソース、しょうゆ、ゆずこしょう、にらを加え、全体に混ぜ、器に盛る。

*食べる時にゆずこしょうを添えてもおいしい。

冷蔵庫に中途半端な残り野菜がある時は、お好み焼きを作ります。具に決まりはなし。玉ねぎとにんじんを切り、じゃがいもをすりおろして作ったり、白菜ときのこの組み合わせだったり、トマト入りや、ひじきや切り干し大根を戻して加えたりもします。その時々で味わいがあるから、お好み焼きが続いても、全く飽きない。たれは具材の組み合わせによってしょうゆや黒酢しょうゆ、ポン酢、ソースなどの中から選びます。だしの代わりに豆腐を水分にして粉を溶くことも。レシピは長いもが多めのトロリとやわらかな生地にしました。ほんの少し長いもを加えるだけでも、ふわりと軽く、モチっとします。Ⓗ

お好み焼き

◉2人分

豚バラ薄切り肉……120g　さきいか……20g
長いも……10cm　キャベツ（ざく切り）……1/8個分
天かす……1/3カップ程度　卵……1個
小麦粉……1/2カップ強　だし……1/4カップ程度
塩……小さじ1/2　油……大さじ1
好みで削り節、青のり、ソース、マヨネーズ……各適量

1 長いもはひげ根を火であぶって取り除き、皮ごとすりおろす。
2 卵、小麦粉、だし、塩をボウルに入れて混ぜ合わせ、1、キャベツ、豚肉、さきいか、天かすを加えて軽く混ぜる。
3 フライパンに油を熱し、2の半量を広げ入れて中火で両面をこんがり焼く。残りも同様に焼く。
4 好みで削り節や青のり、マヨネーズなどをかけていただく。

気に入っているメーカーのものを箱買いするほど一年中、そう麺を食べます。ゆでて冷たく締め、つゆをつけて食べる、具材をのせてつゆをかけて混ぜて食べる、温かな汁に合わせてにゅうめんに、焼きそう麺、揚げそう麺に、といろいろできるから、献立に迷うと、ついつい手軽なそう麺にしてしまいます。ゆですぎて余れば、次の日のお味噌汁に入れたり、炒め物の具にしたり。そう麺はゆでたらすぐに冷水にとり、水を流しながら手でもむようによく洗って、表面のぬめりを取り、ざるに押しつけるようにして水けをきります。そうすると、あんなに細い麺なのに、そう麺の力強さを感じます。あんなに細い麺なのに、そう麺の力強さを感じ、つゆとよくなじみます。Ⓗ

冷麺風

（P.64右）

◉2人分

鶏ささみ……2〜3本　キムチ……60g　きゅうり……½本

塩……小さじ⅓　ナンプラー……小さじ1程度

そう麺……2〜3束

1　ささみは筋を取り、水2カップ（分量外）とともに中火にかける。煮立ったら弱火にし、10分煮て火を止める。塩とナンプラーを入れ、そのまま冷ます。粗熱が取れたら、ささみは取り出して手で粗く裂き、ゆで汁は冷蔵庫で冷やす。

2　きゅうりは皮をむき、4cm長さの細切りにする。キムチは食べやすい大きさに切る。

3　そう麺は袋の表示時間通りにゆで、冷水で締めて水けをきり、器に盛りつける。ささみと**2**をのせ、**1**の冷たい汁を張る。

肉味噌のせ

(P.64 左)

◉2人分
豚ひき肉……150g　にんにく、しょうが(みじん切り)……各1/2片分　トマト(ざく切り)……中1個分　めんつゆ……1カップ　そう麺……2~3束
[調味料]
砂糖、酒、味噌……各大さじ1　しょうゆ……小さじ1/2~1

1　フライパンにひき肉、にんにく、しょうがを入れて中火にかけ、油を引かずに炒める。火が通ったら、調味料を合わせる。
2　そう麺は袋の表示時間通りにゆで、冷水で締めて水けをきり、器に盛りつける。**1**とトマトをのせ、めんつゆを張る。

にゅうめん

(P.65)

◉2人分
水菜……1~2株　油揚げ……1/2枚　卵……2個
だし……2 1/2カップ　淡口しょうゆ……大さじ1
塩……小さじ1/3　そう麺……2束　好みで七味唐辛子……適宜

1　油揚げは3cm長さの細切りに、水菜は4cm長さに切る。
2　鍋にだしと**1**を入れて煮て、しょうゆと塩で調味する。
3　そう麺は袋の表示時間通りにゆで、冷水で締めて水けをきる。
4　**2**に**3**を入れ、中火にかけて温め、煮立ったら、割りほぐした卵を流し入れてひと煮する。
5　器に盛り、好みで七味唐辛子をふる。

家族は冷たいうどんを、熱々の肉汁につけて食べるのが好き。朝からうどんを食べることも多く、冷蔵庫にある野菜と豚肉、あればバラ肉を入れて汁を作ります。ですから豚汁うどんの野菜はとくに決まったものはなく、春ならキャベツやにんじん、夏はなすとトマト、秋冬は根菜やきのこ、大根といった具合。肉吸いうどんはわけぎや九条ねぎのよいものが手に入ると作るうどん。香りのいい青いねぎと牛肉がよく合います。シンプルだけど、うま味のある汁が癖になる味なのです。Ⓗ

豚汁うどん

◉2人分

豚バラ薄切り肉……100g

なす……1本　だし……2½カップ

塩、しょうゆ……各小さじ1　うどん……2玉

白すりごま……適量

1　豚肉はひと口大に切る。なすは皮をむいて1cm角に切り、水に5分さらす。

2　鍋にだしと**1**を入れて、中火にかける。あくを取り、全体に火が通ったら、塩としょうゆで味をつける。

3　うどんは袋の表示時間通りにゆで、冷水でよく洗って締め、水けをきってざるに盛る。

4　熱い**2**を器によそい、ごまをふる。冷たいうどんをつけていただく。

肉吸いうどん

◉2人分
牛切り落とし肉……150g
青ねぎ（わけぎや九条ねぎなど）……2本
かつおだし……2½カップ
酒……小さじ2
しょうゆ……大さじ1
塩……小さじ¼
うどん……2玉

1　牛肉はひと口大に切り、青ねぎは1㎝幅に切る。
2　鍋にかつおだしを入れて温め、肉と酒を加えて煮る。肉に火が通ったら、しょうゆと塩で味をととのえる。
3　うどんは袋の表示時間通りにゆで、冷水でよく洗って締め、水けをきる。
4　3のうどんと1の青ねぎを、2に入れて温め、器によそう。

豚肉派だった私が50代になった途端、牛肉好きになりました。もちろん元々嫌いなわけではないけれど、圧倒的に豚肉を手に取ることが多かったのです。それが今は半々くらい。なぜ嗜好が変わったのかはわからずですが、ステーキを食べることが多くなったのは確かです。味つけはシンプルに塩こしょう。焼き上がりにしょうゆをかけるのも好き。食べる時に塩をパラリとふり、塩のカリッとした粒を感じながら食べるとお酒がすすみます。Ⓗ

ステーキ

◉2人分

牛肉（ステーキ用）……2枚（200g）

玉ねぎ（1cm幅の輪切り）……1個分

塩……小さじ½程度

こしょう……適量

マスタード……適量

1 牛肉は焼く30分ほど前に冷蔵庫から出し、室温に戻す。肉の両面に塩、こしょうをふる。

2 フライパンを熱し、肉と玉ねぎを入れて、強めの中火で3分ほど焼き、焼き色がついたら、返して2分ほど焼く。

3 肉を先に取り出し、肉汁を落ち着かせる。その間に、玉ねぎをさらに色よく焼く。

4 肉を切り分けて玉ねぎと一緒に皿に盛りつけ、マスタードを添える。

若かりし頃の豚肉と、今の豚肉では、おいしさが違うと先輩編集者の方と話したことがあります。覚えているのは、一人暮らしを始めた頃、とんかつを作る時には塩こしょうのほかに、ガーリックパウダーをふりかけて下味をつけていたこと。塩の味も今とは違ったけれど、ひと味足りないと、にんにくに走ったのでしょうね。その名残で、今でもとんかつの時には、肉ににんにくの切り口をこすりつけて風味づけをします。Ⓗ

とんかつ

◉2人分
豚肉(とんかつ用)……2枚
にんにく……1/2片
塩、こしょう……各適量
小麦粉、溶き卵、パン粉……各適量
揚げ油……適量
せん切りキャベツ、ミニトマト……各適量
好みでソース……適量

1 豚肉は筋切りする。にんにくの切り口を表面にすりつけてから、塩、こしょうで下味をつける。

2 1に、小麦粉、溶き卵、パン粉の順に衣をつけ、170℃の揚げ油で色よく揚げる。

3 食べやすく切って、キャベツとともに器に盛りつけ、半分に切ったミニトマトを添える。好みでソースをかけていただく。

栗むきさえ大変でなければ、何度も食べたい栗ごはん。水につけると鬼皮はむきやすくなりますが、渋皮までは柔らかくなりません。根気よくむくのみ。栗は冷蔵庫に入れて1週間ほどねかせます。栗が寒さを感じると甘みを蓄えるとか。真相はわかりませんが、渋皮煮や甘露煮にする時にも同じようにしています。

松茸ごはんは、松茸と調味料を合わせて炊き、きのこごはんは、きのこを煮つけてから米と合わせて炊きます。松茸はその季節にしか食べられないし、近年、高価になりましたので大事に食べます。献立は、松茸ごはんと汁物、香の物だけ。炊く間の香りもご馳走ですから、台所の椅子に座り、深呼吸しながら香りを楽しみます。きのこごはんのきのこは、各1パックずつを刻んで煮ておけば、3回分くらいの「炊き込みごはんの素」ができます。Ⓗ

栗ごはん

◉3〜4人分

栗……200g　昆布……5cm角1枚　塩……小さじ1½

酒……大さじ1　米……1.5合　もち米……0.5合

好みで黒ごま、塩……各適量

1 栗は皮ごと水に1時間ほどつけておく。尻の部分(色の違う部分)を切り落としてから、鬼皮を包丁や手でむき、渋皮を包丁でむく。水に15分ほどつけてあくを取る。

2 米ともち米を合わせて研ぎ、ざるにあげて1時間おく。

3 炊飯器に2と、2合の目盛りまで水を入れ、塩、酒を加えてひと混ぜし、昆布と栗をのせて炊く。

4 昆布を除いて軽く混ぜ、器に盛る。好みでごま、塩をふる。

きのこごはん

（右）

◉3〜4人分
しめじ、えのき……各60g　しいたけ……2枚
鶏もも肉……60g　にんじん……40g
だし……½カップ　しょうゆ……大さじ1　酒……大さじ1
米……1合　もち米……1合

1 米ともち米を合わせて研ぎ、ざるにあげて1時間おく。
2 具材は細かく切る。だし、しょうゆ、酒と合わせて中火にかけ、煮立ったら紙蓋をし、弱中火で10分ほど、汁けがなくなるまで煮る。
3 炊飯器に1を入れ、2を加え、普通の水加減で炊く。

松茸ごはん

（左）

◉3〜4人分
松茸……小4本　酒……大さじ3
淡口しょうゆ……大さじ1½　昆布だし……340㎖
米……2合　三つ葉（粗みじん切り）、すだち……各適量

1 松茸は、酒少々（分量外）を含ませた布巾などで、汚れをふく。石づきを削り落とし、食べやすい大きさに切るか、手で裂く。酒としょうゆを合わせ、松茸を30分ほどつけておく。
2 米は研ぎ、30分ほどざるにあげておく。
3 炊飯器に米と塩ひとつまみ（分量外）を入れ、昆布だしと1を加えて炊く。茶碗によそい、三つ葉と切ったすだちを添える。

撮影の時でさえ、具材を決めていないほど、私の中ではかなり手軽に作る料理のひとつ。焼きそばもそうでしたが、具の組み合わせが限りなくあり、定番中の定番も決めきれずにおりました。ひとつ必ず入れるのが、卵だけです。チャーハンに向いているお米というのがあります。さっぱりとしていて、粘りの少ないササニシキなどの種類をお米屋さんではすすめられます。ですが、チャーハンだけのためにお米の種類を増やすのもなかなか難しいことです。ですからうちで食べるチャーハンは一粒一粒がパラパラとならず、ややべたついていることもありますが、それもまたわが家の味と、納得しています。Ⓗ

チャーハン

◉2人分
むきえび……6尾（80g）　長ねぎ（青い部分）……1/2本分
溶き卵……2個分　塩……小さじ1/3　しょうゆ……小さじ1
油……大さじ1
ごはん……茶碗山盛り2杯分　黒こしょう……少々

1　長ねぎは小口切りにする。えびは背わたを取り、2cm幅に切る。ごはんは、冷めていたら電子レンジなどで軽く温めておく。
2　フライパンに油を中火で熱し、長ねぎ、えび、ごはんの順に炒め合わせる。
3　ごはんに油がなじんでほぐれてきたら、塩を加えてひと炒めし、溶き卵をまわし入れてさらに炒める。
4　しょうゆを鍋肌から加えて混ぜ、こしょうをふる。

おすし屋さんで食べてから、この味にはまって、新鮮ないかが手に入ると作りたくなる一品です。いかは煮るとかなり小さく縮むので、大きめの立派ないかを用意します。中に詰めるごはんの具材は、とくに決まりなし。子供たちが集まるような時には、きゅうり、コーン、ゆでたにんじんなどカラフルな具材にすることもあります。

いかの印籠詰め

◉2〜3人分

するめいか……2杯　酒……$\frac{1}{3}$カップ　みりん……小さじ2
しょうゆ、砂糖……各大さじ2

［詰め物］

炊きたてのごはん……茶碗2杯分　すし酢（P.9参照）……大さじ2　きゅうり（さいの目切り）……$\frac{1}{4}$本分　三つ葉（粗みじん切り）……2〜3本分　奈良漬（みじん切り）……2切れ分

1　いかは足とわた、軟骨を取り除き、えんぺらをはがしながら皮をむく。足とえんぺらは食べやすく切る。

2　鍋に酒とみりんを入れて煮切り、しょうゆと砂糖を加える。**1**を入れ、落とし蓋をして10分ほど煮る。火を止め、そのまま煮汁の中で冷まし、味を含ませる。

3　ごはんにすし酢を混ぜ、きゅうり、三つ葉、奈良漬を混ぜる。煮汁から取り出した**2**の胴に押し込むように詰める。

4　**3**を食べやすく切って器に盛り、**2**の足とえんぺらを添え、煮汁を煮詰めてかける。

白身魚の刺身やほたてなどの海鮮と、ゆで野菜、例えば菜の花やブロッコリーなどを昆布で挟んでひと晩おくだけで、昆布のうま味をまとった昆布〆ができ上がります。刺身は切って、もしくはさくごと挟みます。昆布によっては塩けの強いものもありますから、塩加減はかなり控えめ、塩をせず挟むこともあります。使い終わった昆布からも、まだ、だしが出ますから、一度さっと洗ってから煮出してだしをとります。Ⓗ

昆布〆

◉作りやすい分量
白身魚の刺身……10切れ程度
かいわれ菜……1パック
昆布……10㎝角4枚
塩、酒……各適量

1 かいわれ菜はさっと塩ゆでし、冷水にとって色止めし、水けを絞る。
2 昆布は酒を含ませたペーパータオルで表面をふく。
3 1枚の昆布に刺身を並べ、軽く塩をしてもう1枚で挟み、ラップで包んで冷蔵庫でひと晩おく。
4 かいわれ菜を、刺身と同様に昆布で挟み、ラップで包んで冷蔵庫でひと晩おく。
5 昆布を外して器に盛りつける。

＊白身魚にわさびを添えたり、かいわれ菜に削り節を散らしてもおいしい。

ぶり大根の主役は大根です。ぶりのうま味をたっぷりと含んでおいしくなる。だからうちでは、ぶりは切り身でなく、よりうま味の出るあらと組み合わせます。飴色に煮上がった大根に箸をすっと入れると中がほんのり白いのが好きなので、大根はひと口大より大きめに切ります。Ⓗ

ぶり大根

◉4人分

ぶりのあら……300g
大根……500g
水……2½カップ
酒、砂糖、しょうゆ……各大さじ3
みりん……小さじ2
針しょうが……1片分

1 ぶりのあらは塩少々(分量外)をして10分ほどおく。熱湯をかけてから水洗いをし、汚れを取り除く。

2 大根は皮をむき、3㎝幅の半月形に切る。

3 鍋に1と2、水、酒、砂糖、しょうゆを加えて中火にかけ、煮立ったらあくを取り、紙蓋をして弱中火で15〜20分煮る。

4 煮汁が半分程度になったら、みりんを加え、鍋を傾けながらよく絡め、照りが出るまでひと煮する。

5 器に盛りつけ、針しょうがをのせる。

季節のイベント

　一年を通して行事食は必ず作るようにしています。幼い頃からの習慣が抜けないというのもありますが、その日はこれを食べたいと体が要求してしまうから、作るしかないのです。そして祖母や母から受け継いだ味を大切に娘に伝えたいという気持ちもあります。とは言っても、伝統食のようなものではありません。家族が好きなものを作って、ただただ、お祝いするだけ。

　大晦日、筑前煮や豚肉を煮る甘辛い香りがうち中に広がって、今夜遅くまで起きていていい日だとワクワクしていた子供の頃。お雛さまの日は五目ちらしがすし桶いっぱいに作られて、お雛さまの前でおすましして写真を撮ったり、入学式や卒業の日にはお赤飯でお祝いしてもらったこと。

　日々のごはんとはまた違って、思い出の味、印象深く心にも残るごはん。私も続けていきたいと思います。

お正月チキン

幼い頃、母がしょうゆとみりん、砂糖に漬けた手羽先を、オーブンの鉄板いっぱいに並べて焼いてくれました。それはお誕生日だったり、クリスマスだったり、ちょっとご馳走という時によく食卓に並んでいました。でも母に聞くと、「そんなことしていたかしら」と、すっかり忘れているから、レシピを教えてもらうことはできないけれど、舌が覚えている味をたどって、このレシピになりました。たれを塗りながら焼くとテリっと色づきます。このレシピは年末年始以外にも、一年中作り、夏ならバーベキューで、パイナップルと一緒に網焼きにします。Ⓗ

なます

わが家のおせちに欠かせない、なます。大根とにんじんの紅白で作ることもあれば、大根、かぶ、れんこんの白い野菜だけで作ることもあります。これに干し柿を合わせて、甘みをプラスしたり、黄ゆずを加えて香りよく仕上げたり。作れば作るほどアレンジが増えていきます。和のイメージのなますですが、焼き肉やバーベキューの際には、葉野菜でお肉となますを包むと、サッパリします。蒸し鶏と合わせて、ナンプラーをきかせたチリソースで食べれば東南アジアの味に。サラダや漬物感覚で献立に組み込むと、意外に何にでも合ってしまうのです。

お雑煮

子供の頃、お正月の三が日は、毎食、お雑煮とおせちでした。家族全員お餅好きだったから、そういうことも叶ったのだと思います。それに私が幼い頃は、年始は今と違って買い物もままならなかったから、日持ちのするおせち料理を作って、三が日を過ごすのが当たり前でした。今は、元日からスーパーもやっていて、夫や娘の手前、毎食お雑煮というわけにいかないから、渋々封印しているけれど、いつか、また実現させたいな。三が日、毎食、雑煮で過ごすなんて、夢のような幸せなお正月です。

Ⓗ

お正月チキン
(P.78)

◉4人分
鶏骨付きもも肉……4本
玉ねぎ……1個　じゃがいも……1〜2個
にんにく(皮付き)……好みの量
ミディトマト……8個

A
にんにく、しょうが(すりおろし)……各2片分　こしょう……適量　レモンの搾り汁……1個分　ナンプラー……⅓カップ

B
はちみつ……大さじ2
しょうゆ……大さじ1

1　玉ねぎは、皮ごと8等分のくし形切りにし、じゃがいもは皮ごとひと口大に切る。

2　鶏肉はさっと水洗いをして、よく水けをふき取り、余分な脂を取り除く。骨に沿って包丁で切り目を入れる。

3　バットにAを入れて、2を冷蔵庫で半日ほど漬ける。天板に、皮目を上にして並べ、1と皮付きにんにくを、周りに置く。

4　200℃に温めたオーブンで15分焼き、トマトを加える。合わせたBを刷毛やスプーンの背で皮に塗り、5分焼く。もう一度Bを塗って、5分焼いて照りを出す。

なます
(P.79)

◉作りやすい分量
大根……½本(600g)
れんこん……150g　にんじん……小1本
干し柿……1個
塩、酢……各適量
ゆずの皮……少々

A
酢、砂糖……各½カップ
塩……小さじ½

1　大根は、厚めに皮をむき、5cm長さのマッチ棒程度の細切りにし、塩小さじ½をまぶしてしばらくおく。皮をむいたにんじんも大根と同じサイズに切り、同様に塩小さじ⅓をまぶしておく。

2　れんこんは皮をむいて薄い輪切り(大きければ半月切り)にし、水にさらす。鍋に湯を沸かし、塩と酢を少量ずつ加えてゆで、ざるにあげて冷ます。

3　ボウルにAを合わせる。

4　1がしんなりして水がたっぷり出たら、きつく絞って3に入れ、2も加えて和える。

5　1時間ほどおいて、野菜に味が入ったら、大根のサイズに合わせて切った柿を加え、ゆずの皮を散らす。

お雑煮
(P.80)

◉2人分
鶏もも肉……80g
大根、にんじん(1cm幅×5cm長さの短冊切り)……各4枚
せり(ゆでる)……2株分
かまぼこ(薄切り)……2枚
だし……2カップ
塩……小さじ⅓
淡口しょうゆ(またはナンプラー)……小さじ1〜2
切り餅……4個　ゆず皮……少々

1　鶏肉は2cm角程度に切る。せりは4cm長さに切る。

2　鍋にだし、肉、大根、にんじんを入れ、弱中火で10分ほど煮る。あくを取り、塩、しょうゆで調味する。

3　餅を焼き、椀に2個ずつ入れる。2とかまぼこ、せりを入れ、ゆず皮をのせる。

角煮はたっぷりの酒と酢を加えて煮込むと、やわらかく、味がとてもまろやかになります。そして同じレシピで作っても、豚肉の肉質で味わいの違いがわかるのも、かたまり肉ならでは。毎回豚肉の銘柄変えて作り、好みの肉を見つけます。Ⓗ

角煮と煮玉子

◉作りやすい分量
豚バラかたまり肉……700g　ゆで玉子……4個
しょうが(皮ごと薄切り)……2片分　にんにく(潰す)……2片
酒……1カップ　酢……大さじ2　砂糖……大さじ2½
しょうゆ……大さじ3　ほうれん草(ゆでる)……1袋分

1 豚肉は大きければ鍋に入る長さに切る。脂の面を下にして鍋に入れ、中火で焼く。脂が出てきたらペーパータオルで吸い取り、こんがり色づくまで焼く。

2 しょうが、にんにく、酒、酢、砂糖、かぶるくらいの水を加えて中火にかける。煮立ったら弱めの中火にし、落とし蓋、鍋の蓋をして2時間煮る。途中、煮汁が少なくなったら、かぶるくらいまで水を足す。

3 鍋に入れたまま、完全に冷めるまでひと晩おく。白く固まった表面の脂は取り除く。

4 豚肉を煮汁から取り出し、約5cm角に切る。

5 4を3の煮汁に戻し入れ、中火にかける。煮立ったらしょうゆを加えて中火にし、蓋をせずに煮詰めながら味を含ませる。

6 途中、ゆで玉子を加えて煮汁を全体に絡める。器に盛り、食べやすく切ったほうれん草を添える。

ローストビーフのレシピは、今、定着しているのは、低温のオーブンで焼くやり方。オーブンがなかなかうまく使いこなせず、しばらくフライパンだけで作っていましたが、やっと自宅のオーブンの温度や時間設定の感覚がつかめてきました。オーブンに放り込めばでき上がる料理は魅力的。とくにお肉をキロ単位で焼く時にはオーブンの方がさらに手軽。焼いている間にほかの料理を作ったり、ほかの家事をこなしたり。というのも、ローストビーフを作るのは決まって年末年始で、かなり忙しい時ですから、道具に任せられれば、それがいい。

ローストビーフ

◉作りやすい分量
牛ロースかたまり肉……1kg
にんにく……2片　塩……大さじ1
ローリエ……3〜4枚　クレソン……適量

1 牛肉は形を整えるためにたこ糸で縛り、室温に2時間おいておく。塩とすりおろしたにんにくを表面になじませ、糸と肉の間にローリエを挟む。

2 天板にのせ、140〜150℃に温めたオーブンに入れ、40〜50分焼く。焼き上がったらすぐにアルミホイルで包み、1時間以上おいて肉汁を落ち着かせる。

3 食べやすい大きさに切って器に盛り、クレソンを添える。

＊好みでにんにくしょうゆ（P.18参照）を添えてもよい。

辛子をしのばせたいなりずしは、わが家でヒット。これは松本出身の方から、法事などの精進料理で、油揚げの甘辛煮に辛子を塗ったり、いなりずしに辛子を塗ったりすると聞き、すぐに試して、はまりました。今では辛子がないと物足りないくらい。油揚げはこっくりと煮上げたい時はだしで、あっさりと煮上げたい時は、油揚げのうま味だけで煮ます。Ⓗ

いなりずし

◉12個分

油揚げ……6枚　だし……2カップ　米……3合

辛子、木の芽、甘酢しょうが……各適量

A

しょうゆ……大さじ3強　砂糖……大さじ3

B

酢……¼カップ　砂糖……大さじ3　塩……小さじ¼

1 油揚げは半分に切って袋状にし、熱湯にくぐらせ油抜きする。

2 鍋にだし、**A**を合わせて中火にかけ、沸いてきたら水けを軽く絞った**1**を入れ、再び沸いたら落とし蓋をし、弱中火で20分煮る。煮汁がなくなってきたら、火を止めて冷まし、味を含ませる。

3 炊飯器に研いだ米を入れて、普段通りの水加減で炊く。**B**の材料を合わせ、炊き上がったごはんにまわしかけ、切るように混ぜる。うちわであおぎ、粗熱を取る。

4 ふた口分の**3**を、俵形に軽く握り、辛子をひと塗りする。

5 **2**に**4**を詰め、器に盛る。木の芽、甘酢しょうがを添える。

お盆になると、「おはぎを作ったから遊びにおいで」と言ってくれる友人のお母さんがいます。もう40年以上のお付き合いで、毎年欠かさず、塩がきいたあんこのおはぎをご馳走してくれます。それが後を引くおいしさで、また食べたくなって自分でも作ります。私もおはぎを山ほど作って、おすそわけできる人になりたい。(H)

おはぎ

◉約16個分
米……1合　もち米……1合
小豆……200g　砂糖……150g　塩……ふたつまみ

1 小豆は洗い、鍋に3〜4倍の水とともに入れ、強めの中火にかける。沸いたら水1カップを加える。再び沸いたら、ゆで汁を捨て、かぶる程度の水を加え、同様にゆでこぼす。

2 鍋に、豆とかぶるくらいの水を入れ、強めの中火にかけ、煮立ったら弱中火にし、豆がゆで汁から出ないように水を足しながら、1時間ほどゆでる。

3 指で軽く押して潰れるほどやわらかくなったら、豆が水面に少し出る程度までゆで汁を減らし、砂糖の半量を加えて5分煮る。残りの砂糖を加えて5分煮て、塩を加える。へらで筋をつけると跡が残るまで煮詰め、バットに広げて冷ます。

4 米ともち米は炊く1時間前に研ぎ、ざるにあげておく。炊飯器で、普段通りの水加減で炊く。

5 熱い**4**をすりこ木などでつき、ひと口大に丸め、**3**で包む。

＊味を変えて、黒すりごまやきな粉（各大さじ2）に砂糖（各小さじ1）を合わせたものをまぶしてもよい。

炊飯器でお赤飯を炊くようになったら、それはそれは、あまりに簡単で、蒸し器で長い時間かけて蒸すことをしなくなってしまいました。普段のごはんを炊くように、お赤飯もぐっと身近に。もち米100パーセントで炊くと、もちもちっとして、どっしりと重めのお赤飯。米ともち米を合わせて炊くと、少し軽い仕上がりになります。お花見や運動会のお弁当や、お誕生日などのお祝いの時、人が集まるような時にも、お赤飯があると食卓がパッと華やぎます。

お赤飯

◉5〜6人分
もち米……3合
ささげ……50g
黒ごま、塩……各適量

1 ささげは水で洗い、鍋に入れる。水2カップ（分量外）を入れ、中火にかける。煮立ってきたら、弱中火にし、15分ほどゆでる。つまんで潰れるほどやわらかくなったら火を止め、そのまま冷ます。

2 もち米は洗ってざるにあげ、30分ほどおいて水をきり、炊飯器に入れる。1の色の出たゆで汁を入れ、おこわ用3合の目盛りまで水を足し、ささげも入れて炊く。

3 炊き上がったら十分に蒸らし、軽く混ぜて器に盛り、黒ごまと塩をふる。

＊炊飯器におこわ用の表示がない場合は、もち米3合に対し、ゆで汁＋水を405㎖入れ、炊く。

野菜・海藻のおかず

娘は、肉や魚の主菜から手をつけることなく、最初に漬物や野菜の小鉢に箸が伸びます。夫の方が、肉や魚のおかずが少ない時、物足りないと言うくらい。うちでは、子供と大人の好みが逆転。男女の好みの違いもあるのかもしれませんが、ふたりの反応を見ながらの料理作りは、興味深いものがあります。献立は、まず副菜作りからイメージします。野菜のおかずは常備菜にもなり、献立の助けになってくれる大事なひと皿。副菜を作り、それから味のバランスを考えながら、メインディッシュを仕上げます。

かぼちゃは煮てみないと、ほくほくするか、しっとり水けが多いか、わからないから、でき上がりのイメージを決めずに、煮上がりを楽しみにしています。どちらのタイプも好きだから、かぼちゃの種類や産地にこだわりはありません。面取りをした時に出る、かぼちゃの切り落としは、スープやお味噌汁に。または油で素揚げしてスナックにします。

実はかぼちゃの煮物を夫と娘は好みません。娘は離乳食で食べさせすぎたようです。でもこのバター煮は別。バターのコクが後を引くようです。残ることはほぼないけれど……、クリームチーズと一緒にラップでひと口サイズに包んでぎゅっと茶巾に絞り、おやつにもします。Ⓗ

かぼちゃのバター煮

◉4人分
かぼちゃ……1/4個
バター、しょうゆ、砂糖……各大さじ1

1 かぼちゃは種とわたを取り除く。皮を所々むいて、ひと口大に切り、面取りする。

2 鍋に1とバター、しょうゆ、砂糖、ひたひたの水(分量外)を入れて中火にかける。沸いてきたら紙蓋をし、弱中火で10分ほど煮る。煮汁が少なくなり、かぼちゃに串がすっと通るくらいになったら、火を止め、冷ましながら味を含ませる。

*いただく時にさっと温めるとおいしい。

夏の終わりから晩秋にかけて、里いもが各地から届きます。まずは洗って皮ごと蒸して塩をつけて食べる。次に皮をむいてだしと塩だけでシンプルに煮る。その後、甘辛く煮る、揚げる、炒める、をくりかえして余すことなく味わいます。旬の里いもは、皮をむいた時に透き通るような白い肌が現れ、その白さでおいしさがわかります。下ゆでし、ぬめりを取ってから煮る方法もありますが、皮をむいたら塩をまぶしてゴロゴロと転がしたり、乾いた布巾で表面をゴシゴシとこすって、ぬめりを軽く取ってから調理します。煮上がりの目安は時間ではなく、串の通り具合。力を入れずに、すんなりと通るくらいまで煮るのが理想。本当にやわらかく煮えた里いもの口当たりには、何度食べても感動します。Ⓗ

里いもの白煮

◉4人分

里いも……6〜8個　昆布……15㎝長さ1枚

塩……小さじ½〜1　ゆず皮(せん切り)……適量

1　里いもは洗って皮をむき、乾いた布巾で表面を強くこする。

2　鍋に昆布と里いもを入れ、かぶるくらいの水(分量外)を加えて中火にかける。煮立ってきたら、昆布を除いて、紙蓋をして弱中火で煮る。

3　里いもにすっと串が通るくらいやわらかく煮えたら、塩を加えてひと煮し、火を止め、冷ましながら味を含ませる。器に盛り、ゆず皮をのせる。

根菜の歯触りや味わいが、一度に味わえる贅沢なおかず。おせちには必ず作りますが、常備菜にもなるので、冬の間は何度も作ります。根菜の滋味深い味がわかるようになったのは、いい大人になってから。若い時にはわからなかった味のひとつです。Ⓗ

筑前煮

◉5〜6人分
鶏もも肉……小1枚（200g）　干ししいたけ……4枚
こんにゃく……1枚　れんこん……小1節（150g）
里いも……4個（150g）　にんじん……1本
ごぼう……1本（150g）　油……大さじ1
A
しいたけの戻し汁、酒……各1カップ
しょうゆ……¼〜⅓カップ　砂糖……大さじ2

1　干ししいたけは、1½カップの水（分量外）にひと晩つけて戻す。軸を落とし、半分に切る。こんにゃくは熱湯でゆで、ひと口大にちぎる。皮をむいたれんこんは1cm厚さの半月切り、皮をむいた里いもは半分に切る。にんじんは皮をむいて乱切りに、鶏肉はひと口大に切る。ごぼうは皮をこすり洗いして乱切りにし、水に5分つけてあくを抜く。

2　鍋に油と肉を入れ、中火で炒める。軽く火が通ったら、残りの具材をすべて加え、炒め合わせる。油がなじんだら、Aを入れて落とし蓋をし、弱めの中火で煮る。

3　根菜類がやわらかくなったら、蓋を取って中火にし、鍋を時々揺すりながら、煮汁が少なくなるまで煮詰める。

旬の大根は、切り口から水けがしたたります。包丁がすっと入った時、この大根は早くやわらかに煮えるなと確信する瞬間。一年中出回っている大根ですが、煮るなら冬大根に限ります。ふろふきにする時は、米の研ぎ汁で下ゆで。後から中途半端にだしで煮ても、だしの味を含みませんから、粘って粘って、丁寧に下ゆでをします。

ふろふき大根

◉4人分

大根（2.5～3cm厚さの輪切り）……4個

だし……1½カップ　塩……小さじ⅓

淡口しょうゆ……小さじ1

ゆず皮（せん切り）……小さじ2

［鶏味噌］

鶏ひき肉……120g　酒、砂糖、味噌……各大さじ2

1 大根は皮をむいて面取りをし、片面に十字に切り目を入れる。かぶるくらいの米の研ぎ汁で、串がすっと通るまで下ゆでし、きれいに水洗いする。

2 鍋にだし、塩、しょうゆ、**1**の大根を入れ、弱中火で10分煮る。火を止め、冷ましながら味を含ませる。

3 ひき肉に酒と砂糖を合わせて、弱中火にかけ、ほぐしながら加熱する。肉が白くなってポロポロにほぐれたら、味噌を加えてよくなじませ、とろみがついてきたら火を止める。

4 **2**の大根を器に盛り、**3**の味噌をかけてゆず皮をのせる。

白菜やキャベツをメインにした具だくさんの野菜炒めで。ごはんのおかずにも、つまみにも、焼きそばにかけてもおいしい。炒め物は、やっぱり一番身近なごはんのおかずだから、献立に困ると野菜炒めの登場、となることが多いです。八宝菜の時に必ず入れるのはうずらのゆで玉子。私が子供の頃は、姉妹で取り合ったものです。一人っ子の娘は争って食べる相手もいないけれど、まずうずらをパクパクとつまんでしまい、後から野菜を食べる。子供にとってうずらが嬉しいのは今も昔も変わっていないようです。Ⓗ

八宝菜

◉2人分

いか……½杯　にんじん(短冊切り)……⅓本分
しいたけ(細切り)……2枚分
白菜(ざく切り)……2枚分　ピーマン(くし形切り)……1個分
きくらげ(水で戻す)……2〜3枚
たけのこ(水煮・薄切り)……60g
うずらのゆで玉子……6個　塩……小さじ⅓
ナンプラー……小さじ1〜2　こしょう……適量
油……大さじ2　片栗粉……小さじ2(水小さじ4で溶く)

1　いかは皮をむいて表面に切り込みを入れてからひと口大に切る。フライパンに油を熱し、中火でいかを炒める。続けて野菜類を順に加えて、塩をして炒め合わせ、ナンプラー、こしょうで調味し、うずらのゆで玉子を加える。

2　水溶き片栗粉を加え、強めの中火にしてとろみをつける。

ポテトサラダはどんなに分量通りに作っても、同じ味にならない所がおもしろい。素材次第で仕上がりが違うから、何度作っても飽きないのかもしれません。じゃがいもは、皮ごとゆでて熱いうちに皮をむいて潰すか、皮をむいてひと口大に切ってゆでるかどちらかで加熱します。急ぎの時は絶対に後者の方が早い。影の主役はマヨネーズ。わが家はマヨ好きですから、たっぷりと。手作りすれば一層おいしいに決まっていますが、なかなかそこまでできませんから、好みのマヨを必ず常備しています。

ポテトサラダ

◉4人分
じゃがいも……4個　にんじん……1/2本
ブロッコリー……1/2個　紫玉ねぎ……1/4個
ゆで玉子……2個　ツナ缶……小2缶
すし酢……(P.9参照)大さじ2
マヨネーズ……大さじ4
塩、こしょう……各少々

1 じゃがいもとにんじんは皮をむき、ひと口大に切ってゆでる。ブロッコリーは小房に分け、さらに半分に切ってから、やわらかめにゆでる。紫玉ねぎは薄切りにする。ゆで玉子は6等分程度に切る。

2 じゃがいもとにんじんは熱いうちに潰して、玉ねぎを混ぜ合わせる。粗熱が取れたら、すし酢を入れる。ブロッコリー、ゆで玉子、ツナ(缶汁ごと)、マヨネーズを加えて和え、塩、こしょうで調味する。

ごぼうのきんぴらはレシピが同じだと作る過程に飽きるから、せん切り、マッチ棒くらいの細切り、ささがきなど、切り方を変えます。また、塩味にしてみたり、酢やバルサミコを合わせてみたりして、味も変えて気分転換しながら作ります。きんぴらに限らず作る側も飽きない工夫って大事だと思います。

きんぴらは娘の大好物。きんぴらだけでごはん3杯は食べられるというんですから、甘辛い味は白飯の友ですね。幼い頃、食べやすいようにと極々細い、透き通るようなせん切りにして作ったら、それが本当に食べやすいらしく、今もせん切りきんぴらを好みます。Ⓗ

きんぴら

◉3〜4人分

ごぼう……200g(約1本)
れんこん……100g
酒、砂糖、しょうゆ……各大さじ2
ごま油……大さじ1½

1 ごぼうはよく洗って、せん切りにする。れんこんは皮をむいて薄い輪切りにする。それぞれ、水に5分つけてあくを抜き、水けをきる。

2 鍋にごま油を中火で熱し、**1**を炒める。

3 しんなりとしてきたら、酒と砂糖を合わせてひと炒めし、しょうゆを加える。汁けがなくなり、全体がしっとりやわらかくなるまで炒める。

乾物ひじきは袋を開けたら、残さずにすべて戻します。ひじき煮はそのまま食べるほか、P.56のような混ぜごはんの具にも、梅干しやツナを合わせてパスタの具にもします。しっかりと水きりした豆腐と、汁けを絞ったひじき煮を合わせて丸めて揚げれば、がんもどきに。卵と合わせて焼けば、ひじき入りの玉子焼きにと、ひじき煮があれば、ほかの料理にも応用できて、とても重宝するのです。

レシピは鶏スープで煮ています。きんぴら同様、飽きないように煮汁をスープやだしに変えるとまた違った味わいになり、気に入っています。Ⓗ

ひじき煮

◉作りやすい分量

ひじき（乾燥）……20g
にんじん……4cm
油揚げ……½枚
鶏スープ（*）……1カップ
しょうゆ……大さじ1
ごま油……小さじ1

1 ひじきは水で戻し、水けをきる。長いものは食べやすく切る。にんじん、油抜きした油揚げは2cm長さの細切りにする。

2 鍋にごま油を熱し、1を中火で炒める。油がまわったら、鶏スープとしょうゆを加えて弱火で煮る。

3 汁けがほぼなくなったら火を止め、冷ましながら味を含める。

*鶏スープの作り方：鍋に鶏手羽先5本と水1ℓを合わせて中火にかけ、煮立ってきたら、弱火にして20分煮出す。途中、あくを取る。

和え物3種

おひたしは緑野菜で作ることが多いです。青菜類、キャベツ、いんげんやスナップえんどう、そしてブロッコリーは冬の間、いつも冷蔵庫に入っているおひたしです。漬け汁のレシピは、具材によって変えることなく、ほぼ同じなので、ブロッコリーと青菜の2種を一緒に漬けたりもします。野菜の使い道が決まっていない時には、しおれてしまう前におひたしに。野菜は少しやわらかめにゆでた方が、よくだしを吸います。

ごま和えも、おひたし同様、緑野菜で作ることが多いわが家。ごまは白と黒、どちらかブームがあって、黒ばかり使っていると、急にパタリと白ばかりでごま和えを作る。こんな所にも、性格が表れているような気がします。

白和えは豆腐を絹にするか、木綿にするかで、口当たりが違います。私は絹派。ごまのペーストや生クリームでコク出し。味つけは控えめで、和える具材の味を生かします。好きな居酒屋さんのメニューで、さつまいもの組み合わせが気に入って作るようになりました。

ブロッコリーとつまみ菜のおひたし

◉作りやすい分量

ブロッコリー……1個
つまみ菜……1袋
だし……1½カップ
塩……小さじ½
しょうゆ……小さじ1

1 ブロッコリーは小房に分け、茎も皮を厚めにむいて、食べやすい大きさに切り、ともにゆでる。普通から、少しやわらかめにゆで、冷水にとって色止めする。

2 つまみ菜はさっとゆでて冷水にとり、水けを絞って食べやすく切る。

3 だしに塩としょうゆを合わせ、1と2を30分ほど漬けて味をなじませる。

モロッコいんげんのごま和え

◉2〜3人分

モロッコいんげん……150g
黒ごま……大さじ2
[調味料]
砂糖、みりん……各大さじ1
しょうゆ……小さじ1

1 いんげんは筋を取って、塩ゆでする。ざるにとって冷まし、食べやすい長さに切る。

2 ごまはから炒りしてすり鉢であたり、調味料を合わせる。

3 食べる直前に、1を2で和える。

柿とさつまいもの白和え

◉2〜3人分

柿……½個
さつまいも……⅓本
絹ごし豆腐……½丁
[調味料]
塩……ふたつまみ
淡口しょうゆ……小さじ½
砂糖……小さじ1
白練りごま……小さじ2

1 柿は皮をむいて、さつまいもは皮をむかずに1.5㎝角のさいの目に切る。さつまいもは水に10分ほどさらしてあくを抜き、ゆでる。

2 豆腐はゆでてから重石をして水きりをする。すり鉢であたってなめらかにし、調味料を合わせる。

3 2に1を入れて和える。

市販のもずくは、大半が味つきなので、味のついていないものを探すのがひと苦労。見かけたらすぐに買います。まずは酢の物で。三杯酢や、甘酢、黒酢としょうゆなどをかけて食べます。

きゅうりは切り方ひとつで、味わいに変化が出る野菜。きゅうりもみは輪切りにしましたが、斜め薄切り、細切り、せん切りもあり。旬の時季は毎日食べますから、見た目の変化も楽しみたいものです。まずは塩味で食べ、レモンを搾ったり、唐辛子をふったり、実山椒の佃煮と和えたりして味変えもします。Ⓗ

もずく酢

◉2人分
生もずく……100g　みりん、酢、しょうゆ……各大さじ1
針しょうが……適量

1　もずくは洗って食べやすい長さに切り、水けをきる。
2　みりんは煮切り、酢、しょうゆを合わせて冷ます。
3　1を器に盛り、2をかけて針しょうがをのせる。

きゅうりもみ

◉2人分
きゅうり……3本　塩……小さじ1/3

1　きゅうりは薄い輪切りにする。塩を合わせて軽く混ぜ、15分ほどおく。
2　水けが十分に出たら、さっと洗ってよく絞り、器に盛る。

常備品のひとつに乾燥わかめがあります。生の食材が乏しい時には乾物の出番。わかめはすぐに戻り、即食べられるので、便利にしています。レシピのような和え物やサラダ、炒めてもおいしいから、もう一品欲しい時にもわかめを選んでしまいます。Ⓗ

わかめの和え物

◉2人分
わかめ(水で戻す)……100g
鶏ささみ……3本
えのきだけ……50g(小袋½袋)
塩……適量
濃口しょうゆ、淡口しょうゆ……各小さじ1
ごま油……大さじ1
白すりごま……適量

1 ささみは筋を取って鍋に入れ、ひたひたの水を加えて中火にかける。煮立ってきたら弱火にし、5分ほどゆでる。そのまま、ゆで汁の中で冷ます。粗熱が取れたら、取り出してボウルに入れ、手で裂いて塩ふたつまみをまぶす。

2 わかめはひと口大に切る。えのきだけは根元を落とし、長さを半分に切り、さっと湯がいて水けをきる。ともにボウルに入れて濃口しょうゆを加え、5分おく。

3 **2**の水けを絞り、**1**と合わせ、淡口しょうゆ、塩、ごま油で和え、白ごまをふる。

せん切りキャベツさえあれば満足の夫。いつからそんなキャベツ好きになったのかはわかりませんけれど、うちへ帰るなり、冷蔵庫を開けて、必ず「キャベツある?」って聞きます。時間があれば刻んであげるのだけれど、忙しくしている時など、ちぎりキャベツにすると、やや不機嫌に。キャベツは「せん切り」がいいみたいです。

うちのせん切りキャベツは料理の添え物ではなく、献立の中の一品。サラダとして炒めた肉やハムなどをトッピングすることもありますし、常備品の海苔、おかか、ごまをたっぷりとかけた、キャベツを存分に味わうシンプルなサラダも好きです。春キャベツの季節には、ひとりひとりボウル一杯のサラダを食べます。 Ⓗ

せん切りキャベツのサラダ

◉2人分

キャベツ……$1/4$個

削り節、すりごま、海苔……各適量

しょうゆ、ごま油……各小さじ2

1 キャベツはせん切りにし、水に放ってパリッとさせる。

2 1の水けをよくきって器に盛り、削り節、ごまをふりかける。海苔を手でもんで散らし、しょうゆとごま油をかけていただく。

近所の直売所で秋から冬場にかけてロメインレタスがよく出回り、その季節はロメインのサラダや鍋が食卓によく並びます。ロメインレタスは大きな細長い葉が特徴的なので、切らずにその葉の上に小さく切ったほかの具材をのせ、ドレッシングをかけて、葉を持って食べます。その方が食べやすいようで、子供の集まりなどに作ると喜んでくれます。

ロメインレタスのサラダ

◉3〜4人分

ロメインレタス……1株　ホワイトマッシュルーム……4個
ベーコン(ブロック)……30g　食パン……1枚
オリーブオイル……大さじ1　パルミジャーノチーズ……適量
イタリアンパセリ(みじん切り)……適量
[ドレッシング]
エシャレット、または玉ねぎ(みじん切り)……大さじ1
にんにく(すりおろし)……少々　塩……ふたつまみ
レモン汁……½個分　オリーブオイル……大さじ2

1 ロメインレタスは葉を1枚ずつはがし、冷水に放つ。
2 ドレッシングの材料を混ぜ合わせ、薄切りにしたマッシュルームと合わせる。ベーコンは細切りにし、フライパンでカリッとするまで炒め、ペーパータオルで油をきる。
3 食パンは1.5cm角に切り、オリーブオイルで色よく炒める。
4 器に水けをきった1をのせ、上に2、3をのせる。パセリを散らし、上からチーズをピーラーで削ってのせる。

献立には酸っぱいものか、漬物を添えます。おかずとおかずをつないでくれるアクセントのような存在です。Ⓗ

セロリとパプリカの浅漬け

◉作りやすい分量
セロリ……1本　パプリカ……1個　塩昆布（細切り）……30g
塩……小さじ1/3　淡口しょうゆ……小さじ1/2

1　セロリとパプリカはひと口大に切る。
2　ボウルに1と塩、しょうゆと塩昆布を合わせて和え、味がなじむまで30分ほどおく。

きのこマリネ

◉作りやすい分量
きのこ（好みのもの3～4種）……合わせて300g
紫玉ねぎ（細切り）……1/4個分　グリーンオリーブ（種抜き）……6個　にんにく……1片　オリーブオイル……大さじ2
A
塩……小さじ1/3　こしょう……適量
白ワインビネガー……大さじ1　砂糖……ふたつまみ

1　オリーブは潰し、きのこは食べやすい大きさに切る。
2　鍋にオリーブオイルと、潰したにんにくを入れ、弱火にかけ、香りが立ったら、1を加えて中火で炒める。Aを加え、軽く炒めて火を止める。紫玉ねぎを合わせ、30分おく。

人気のスープと汁物

祖母との暮らしが長かったせいか、どんな献立にも味噌汁、という習慣が体にしみついています。今でも、カレーライスやハンバーグに味噌汁を合わせることに抵抗はありません。ただパン食の時には、ポタージュスープを作ることが多くなりました。実はかなりのとろみ好き。なんでも片栗粉や葛粉でとろみをつけたがる所があります。

家族も汁物が好きなので、常にだしは冷蔵庫にストック。だしさえあれば、味噌汁やすまし汁、スープもできます。おかずに迷った時には具だくさんの汁物を作って献立にすることも多いです。

季節を問わず作る豚汁。春は、たけのこや春キャベツ。夏はなすやズッキーニ、トマト。秋は根菜やきのこ。冬は大根と白菜を中心に。旬のものを入れて作れば、絶対においしくできる。具だくさんの汁物は、それだけでおかずになり、ごはんもすすみますから、うちでは豚汁と炊きたての白いごはん、漬物だけ、という献立もあります。この豚汁レシピは、さつまいもがアクセント。味噌味の中の、ほんのり甘い味がクセになります。Ⓗ

豚汁

◉4人分

豚バラ薄切り肉……120g　さつまいも……150g

大根、ごぼう……各100g　にんじん……½本

だし……3カップ　味噌……大さじ2

しょうゆ、塩……各少々　油……大さじ1

1　豚肉と野菜は、すべて食べやすい大きさに切る。切ったごぼうは水に5分ほどさらし、さつまいもは水が白くにごるまでさらして、水けをきる。

2　鍋に油と肉を入れ、中火で炒める。火が通ったら、1の野菜を入れて軽く炒める。全体に油がまわったら、だしを加えて煮る。

3　野菜がやわらかくなったら、味噌を溶き入れ、しょうゆ、塩で味をととのえる。

スープや汁物に片栗粉でとろみをつけたがる、とろみ好きです。食べやすくなる、というのもよい所。娘の離乳食では、野菜のスープに葛粉でとろみをつけたりもしていました。

このかきたま汁は、そのまま汁物として食べるほか、洗ったごはんを汁に合わせて雑炊にしたり、そう麺を合わせてにゅうめんにしたりもします。

かきたま汁

◉2〜3人分

卵……2個

だし……2カップ

塩……小さじ1/4

淡口しょうゆ……小さじ1/2

片栗粉……小さじ2（水小さじ4で溶く）

青ねぎ（小口切り）……適量

1 鍋でだしを温め、塩としょうゆで味をととのえる。水溶き片栗粉で薄くとろみをつける。

2 ボウルに卵を割り入れてよく溶きほぐし、煮立たせた1に細くまわし入れる。青ねぎを加えて、ひと煮する。

山いもはすり鉢でゆっくりとあたってすりおろすと、ふわふわの口当たりのよいとろろになります。ですが、そうのんびりすっていられない時もあり、粗めのおろし器でゴリゴリとすることもあります。それはそれで、シャクシャクとした独特の食感が味わえるから、案外、気に入っています。とろろができたら、だしでのばす。このだしは、冷たいものでも、熱々のものでも。どちらもそれぞれにおいしいです。Ⓗ

とろろ汁

◉2人分

山いも……100g
だし(温かいもの)……1$\frac{1}{2}$カップ
塩……小さじ$\frac{1}{3}$
卵黄……2個分
焼き海苔、しょうゆ……各適量
ごはん……適量

1 山いもは手でつかむ部分の皮を残して皮をむき、すり鉢ですりおろす。
2 **1**にだしを少しずつ加えて混ぜ合わせ、塩で味をととのえる。
3 ごはんをよそい、その上に**2**をたっぷり注いで、卵黄、ちぎった海苔をのせる。いただく時に好みでしょうゆをかける。

お味噌汁の中で一番好きな、にらと豆腐、油揚げの組み合わせ。にら独特の強い香りが食欲をそそります。味噌はここ何年か前から自家製。毎年、春先に仕込んで、一年ねかせて食べています。

豆や塩を変えてみたり、麹の分量を増やしてみたり。今はまだ実験しながらの味噌作りですが、それもまた楽しい。ですから、味噌汁の味は格別。味噌を大事に大事に、食べています。

味噌汁

◉2～3人分

にら……1/3束
豆腐……1/3丁（100g程度）
油揚げ……1/2枚
だし……2カップ
味噌……大さじ1～2

1 にらは2㎝長さに切る。豆腐はざるにあげて、軽く水きりしてから、さいの目切りにする。油揚げは、1㎝角に切る。

2 だしと油揚げを鍋に入れて中火にかけ、煮立ったら弱火にし、豆腐を入れてさっと煮る。味噌を溶き入れ、にらを入れる。

かぼちゃとトマトの組み合わせでスープを作ってみた時に、スープの素を使わずに味がピタリと決まりました。その味がとても好みだったこともあって、それ以来、うちのかぼちゃスープにはトマトが欠かせなくなりました。トマトのうま味に助けられ、でもトマトは主張せずにあくまでも脇役。主役のかぼちゃの甘みが引き立つのです。夏から秋口にかけて、かぼちゃのスープが食卓によく並びます。Ⓗ

かぼちゃのスープ

◉3〜4人分

かぼちゃ……1/4個　トマト(ざく切り)……1個分
玉ねぎ(薄切り)……1/2個分　牛乳……2カップ
バター……大さじ2　塩……小さじ1/2

1 かぼちゃは皮とわた、種を除き、3等分に切ってから、薄切りにする。

2 バターと玉ねぎを鍋に入れ、弱中火で炒める。玉ねぎがしんなりしてきたら、かぼちゃを入れてひと炒めし、ひたひたの水(分量外)を入れて煮る。

3 かぼちゃがやわらかくなったら、粗熱を取ってミキサーに入れ、トマトを加えて撹拌する。

4 鍋に戻し、牛乳を入れて弱中火にかけ、沸いてきたら極弱火にしてグラグラ煮立たせないように温め、塩で味をととのえる。

コーン缶さえあれば、いつでもすぐに作ることができるスープです。玉ねぎがなければ長ねぎで。それもなければ入れなくてもいい。豆乳は、牛乳やだしなどでもおいしくできますから、思い立ったらすぐに作ります。朝食にはお味噌汁を作ることが多いけれど、パン食の時や、ちょっと食欲がない時にはクリームスープ。お腹が温まると、体全体がポカポカしてきて、血の巡りがよくなるからか、体がしゃんとするのがよくわかります。このレシピでは、ごま油と鶏スープを使って中国風にしました。Ⓗ

コーンクリームスープ

◉3〜4人分

コーンクリーム缶……1缶(約400g)
玉ねぎ(みじん切り)……$\frac{1}{2}$個分
鶏スープ(P・95参照)……$\frac{1}{2}$カップ
豆乳……2$\frac{1}{2}$カップ
塩……小さじ$\frac{1}{3}$程度
ごま油……小さじ1

1 鍋にごま油を熱し、中火で玉ねぎを炒める。玉ねぎが透き通ったら、鶏スープを加えて煮る。

2 煮立ったら弱中火にし、コーンクリームと豆乳を加えて温め、塩で調味する。

あとがきにかえて

この本のレシピでは、素材がない場合は、という代案はありません。中には馴染みのない食材や調味料があったり、一度に作る量としては多いのでは、というものもあるでしょうが、どうぞご理解いただきたい。すべてわが家の味を忠実に再現し、分量や作り方を記しました。

だしは水出しのものを使い、スープは鶏の手羽先を煮出したものや、野菜そのものから出るうま味で調理しています。年齢を重ねるごとに味つけはかなりシンプルになったと思います。

ずっと大切にしているレシピもあれば、少しずつアレンジされていく料理もある。暮らしの変化で料理も変わっていきますね。いずれにしても「おいしい」があればいい。

表紙の写真は最近よく作る角煮。以前はかたまり肉を四角く切って煮ていましたが、肉によって縮みがあり、何度も肉が小さくなってしまい、角煮らしいごちそう感が出ずにいました。ある日まずは下ゆでのときに、かたまりのまま煮て、肉の大きさが決まったところで切り分け、味付けしてみると、迫力ある角煮に。今はこのレシピが気に入っています。

昔ながらのアルミの鍋鍋を20年ほど使い続けています。底がもうぼこぼこだけれど、まだ使える。調理の道具は自分の料理に合ったものをと思います

1964年、東京都生まれ。高校3年間を長野で過ごし、山の幸や保存食のおいしさに開眼する。現在は神奈川県の海辺の魚がおいしい町で、夫と娘との3人で暮らす。毎日無理なく続けられる、作りやすい食材を使った、シンプルでおいしい料理が人気。著書に、『常備菜』(主婦と生活社)、『飛田和緒さんのかぞくごはん』(小学館)、『飛田和緒の郷土汁』(世界文化社)、『いちばんおいしい野菜の食べ方』(オレンジページ)など多数。

飛田和緒

撮影 川村 隆

スタイリング 久保原惠理

デザイン 伊丹友広 新由紀子 (it is design)

校正 堀江圭子

原稿整理 福山雅美

編集 八幡眞梨子

編集アシスタント 田村久美

くりかえし料理

発行日 2020年11月24日 初版第1刷発行

著者 飛田和緒

発行者 久保田榮一

発行所 株式会社 扶桑社

〒105-8070 東京都港区芝浦1-1-1 浜松町ビルディング

電話 03-6368-8808(編集)

03-6368-8891(郵便室)

www.fusosha.co.jp

印刷・製本 大日本印刷株式会社

ISBN978-4-594-08659-6